LA BIBLE DES
LÉGUMES

LA BIBLE DES
LÉGUMES

Du jardin à la table

Bath • New York • Singapore • Hong Kong • Cologne • Delhi
Melbourne • Amsterdam • Johannesburg • Shenzhen

Copyright © Parragon Books Ltd
Queen Street House
4 Queen Street
Bath, BA1 1HE
Royaume-Uni

Copyright © Parragon Books Ltd 2012 pour l'édition française
Réalisation : InTexte, Toulouse

Introduction par Christine McFadden
Illustration de couverture par Georgina Luck, www.georginaluck.com

ISBN : 978-1-4454-9093-9

Imprimé en Chine
Printed in China

Note au lecteur
Une cuillerée à soupe correspond à 15 à 20 g d'ingrédients secs et à 15 ml d'ingrédients liquides.
Une cuillerée à café correspond à 3 à 5 g d'ingrédients secs et à 5 ml d'ingrédients liquides.
Sans autre précision, le lait est entier, les œufs sont de taille moyenne et le poivre est du poivre noir
fraîchement moulu.

Les temps de préparation et de cuisson des recettes pouvant varier en fonction, notamment,
du four utilisé, ils sont donnés à titre indicatif. Les ingrédients facultatifs, les variantes ainsi que
les suggestions de présentation ne sont pas incluses dans les temps indiqués.

La consommation des œufs crus ou peu cuits n'est pas recommandée aux enfants, aux personnes
âgées, malades ou convalescentes et aux femmes enceintes. De même les femmes enceintes
et les personnes souffrant d'allergies doivent éviter de consommer des cacahuètes ou des fruits
à écales ainsi que les produits qui en sont dérivés. Vérifiez toujours que les ingrédients prêts
à l'emploi n'en contiennent pas.

Crédits photographiques
Getty Images : pages 2, 5 (toutes), 10, 12, 15, 16-17, 18, 19 (toutes), 21, 24-25, 34-35, 70-71,
108-109, 144-145 et 182-183.

Sommaire

Introduction

Au cours de ces dernières années, nous avons sensiblement modifié notre façon de considérer les légumes. Grâce aux nouvelles techniques de culture et à un regain d'intérêt pour cultiver soi-même son potager, ainsi que pour les espèces anciennes et oubliées, les légumes sont devenus les superstars de nos cuisines.

Le but de ce livre est de vous aider à tirer le maximum de profit de cette corne d'abondance, en vous exposant les bienfaits nutritionnels des légumes, ce qu'il faut acheter, tout ce qu'il faut rechercher en termes de fraîcheur, et la manière de les conserver au mieux à la maison.

Nous n'oublierons pas d'exposer les bienfaits de la consommation saisonnière, accompagnés de listes des légumes à acheter au bon moment. Les légumes sont regroupés en fonction de leurs caractéristiques botaniques, et chacun des cinq chapitres suivants commence par une présentation où ils sont décrits en détail.

Les bienfaits des légumes

Les légumes se présentent sous une diversité de formes, de tailles et de couleurs. Ils sont également goûteux, nutritifs et amusants à cuisiner, et vous en tirerez encore plus de satisfaction si vous les avez cultivés et récoltés vous-mêmes.

Aujourd'hui, un lien solide entre santé et nourriture saine a été clairement établi, et les professionnels de la santé publique s'entendent pour nous conseiller de consommer « cinq fruits et légumes par jour ». Il y a une bonne raison de suivre ce conseil. Les légumes sont des nourritures exceptionnelles d'un point de vue nutritionnel. Non seulement ils apportent des vitamines, des minéraux et des fibres, mais ils contiennent aussi des substances thérapeutiques qui sont reconnues par les instances médicales pour aider à se protéger des maladies chroniques et mortelles, telles les maladies cardiovasculaires et le cancer. Parmi ces substances les plus importantes se trouvent les antioxydants, un groupe qui inclut plusieurs minéraux, la vitamine C et E, et le carotène – un pigment particulièrement présent dans les légumes à chair orange et rouge, mais aussi dans les légumes à feuilles vert foncé. Les antioxydants protègent le corps en désactivant les radicaux libres nocifs qui attaquent le noyau des cellules de l'organisme, provoquant des bouleversements génétiques liés au cancer.

Les légumes-feuilles, comme le chou frisé et le brocoli, sont les plus importants de cette catégorie, ainsi que les poivrons rouges, les carottes et les courges à la chair orangée. Tous ces légumes sont une riche source de carotène et de vitamine C. Les avocats sont également riches en vitamine C, ainsi qu'en vitamine E, et ils sont réputés pour améliorer l'état de la peau et des cheveux.

Les choux de Bruxelles, les asperges et le brocoli contiennent des taux élevés de folate, l'une des vitamines B nécessaires à la formation des globules rouges. La famille des oignons est une bonne source de composés sulfuriques, qui peuvent aider à vaincre des tumeurs malignes. L'ail est particulièrement riche en allicine, une substance conseillée pour réduire les taux élevés de mauvais cholestérol.

Les légumes à gousses, comme les haricots secs, les pois et les lentilles, sont une excellente source de protéines pauvres en matières grasses, ainsi que d'un ensemble d'hydrates de carbone, de vitamines, de minéraux et de fibres.

Les légumes fournissent également des minéraux essentiels pour les femmes : le calcium pour une bonne conservation de la masse osseuse, et du fer pour prévenir l'anémie. Les épinards et le cresson de fontaine sont particulièrement riches en calcium et en fer. Le brocoli et les poivrons verts sont également riches en fer. Malheureusement, le fer des végétaux est moins bien absorbé par l'organisme que le fer provenant d'une source animale, mais la vitamine C peut aider l'organisme à l'assimiler. Il est bon de rappeler que, dans l'ensemble, les vitamines C et B sont partiellement détruites par l'exposition à l'air, à la lumière et à la chaleur, et qu'elles se dissolvent dans l'eau de cuisson. Pour un maximum de bienfaits nutritionnels, il est préférable de conserver les légumes dans un endroit sombre et frais, de les couper et les peler juste avant de les utiliser, et de les manger crus ou très peu cuits. La cuisson à la vapeur et au wok sont donc les meilleures méthodes à employer.

Types de légumes

Les légumes se déclinent en d'innombrables catégories – pousses, tiges, racines et tubercules, bulbes, feuilles, fleurs et graines – que nous mangeons tous selon la variété. Il y a aussi les fruits, comme les tomates et les avocats, qui ne sont pas des légumes au sens strict du terme mais qui sont considérés comme tels.

C'est cette immense variété botanique qui fait des légumes une part si intéressante de notre alimentation et une source d'inspiration constante en cuisine. Les champignons en sont une variété importante également, bien qu'ils appartiennent plutôt au règne fongique *(fungi)*.

Ce livre est structuré en cinq chapitres, dans lesquels les légumes sont regroupés selon leurs caractéristiques.

Légumes-fruits

Le premier chapitre est consacré à des fruits bien connus, comme les avocats, et tous les produits typiquement méditerranéens, comme les tomates, les poivrons, les piments et les aubergines. Tous ces légumes-fruits colorés sont à la base de nombreux plats goûteux et de bonne qualité nutritionnelle. Le chapitre s'intéresse aussi aux courges et au potiron. Les courges d'été – courgettes de grosseur variable, par exemple – ont une peau fine comestible. Les courges d'hiver, comme la doubeurre, sont creuses, avec une peau épaisse non comestible. Les potirons sont des courges d'hiver typiques mais sont toujours de forme arrondie sur une base plate, avec une peau orangée.

Pousses, tiges, racines et tubercules

Le chapitre comprend les plantes rampantes et les tiges – asperges, fenouil et céleri par exemple – ainsi que les racines les plus communes, comme les betteraves rouges, le céleri-rave, les carottes et les radis. Les tubercules ont une protubérance charnue attachée à des rhizomes souterrains rayonnants. Ce sont notamment les pommes de terre, les patates douces et les topinambours.

Crucifères et salades

Vitale pour la santé, la famille des crucifères inclut les légumes à feuilles vertes, comme les épinards et le chou frisé, ainsi que la famille des cardes, moins bien connue, et du chou chinois. Les choux de Bruxelles, des bourgeons à feuilles, font aussi partie de ce groupe, ainsi que le brocoli et le chou-fleur.

Les salades sont incluses aussi, puisque certaines font partie des brassicacées. Elles offrent une magnifique variété de couleurs, de textures et de saveurs, qui vont de l'endive à la trévise en passant par la roquette et la laitue.

Champignons et famille des oignons

Poussant dans un réseau de spores souterraines, les champignons se présentent sous une grande variété de formes et de taille, depuis la chanterelle orange en forme de trompette jusqu'à l'agaric sylvicole au chapeau plat et brun. Les variétés cultivées incluent les cèpes, les portobellos et d'autres de type oriental, comme les shiitakés.

La famille des oignons inclut les poireaux, l'ail, les échalotes et de nombreuses variétés d'oignons. Les poireaux et les oignons verts sont des tiges montantes couvertes de feuilles serrées, et de peaux souples et humides. L'ail, les échalotes et les oignons ordinaires sont des bulbes renflés, composés d'une ou plusieurs gousses, et couverts d'une peau sèche semblable à du papier. L'ail peut être récolté tôt, quand sa peau est encore tendre et soyeuse, et ses gousses à peine formées. À ce stade, on l'appelle « ail vert ».

Gousses et graines

Le dernier chapitre est consacré à l'un des groupes de légumes les plus importants : les graines des légumes à gousses. Cette famille comprend les pois et les haricots, ainsi que les lentilles et les pois chiches. Les haricots frais comprennent les haricots verts dont la cosse est comestible, et les légumes dont la cosse doit être retirée avant la cuisson, comme les fèves. Le chapitre s'intéresse aussi au maïs et aux pousses de soja. Bien que considéré comme un fruit en botanique, le maïs est en fait un autre type de grain. Les épis portent les noyaux, qui contiennent les grains de la céréale immature (le maïs). Les pousses de soja, quant à elles, émergent en paquet serré des embryons de germe du haricot mungo.

Acheter des légumes

Aujourd'hui, les supermarchés nous offrent le plus grand choix possible de légumes. En majorité, ces produits sont préparés – ce qui est très pratique pour ceux qui ont une vie bien remplie.

Mais, question fraîcheur, il est difficile de faire mieux qu'une vente directe à la ferme. Les meilleurs fermiers cultivent eux-mêmes leurs produits et les récoltent quotidiennement. Si le produit n'est pas toujours bon marché, il est en général de très bonne qualité. L'autre solution vient des marchés fermiers. Les produits des étalages sont récoltés dans la région et le producteur est en général sur place pour parler de ses produits.

Pour ceux qui n'ont pas le temps d'aller à la ferme ou au marché, le système du « panier » est une option. Un panier de légumes est déposé à votre porte à un rythme régulier. La plupart du temps vous ne savez pas exactement ce qu'il contient mais vous y trouverez un choix de produits de saison. Vous pourrez avoir besoin d'inspiration pour cuisiner différemment le même légume. Certains systèmes de panier ont prévu des recettes pour vous y aider.

Légumes biologiques

Les légumes biologiques sont indéniablement plus chers, puisqu'ils sont cultivés à plus petite échelle, ce qui augmente donc le coût de la production et du transport. Cependant, de nombreuses personnes préfèrent les légumes biologiques, parce qu'ils n'ont pas été alimentés par les fertilisants et les pesticides, ni modifiés génétiquement. La conscience de plus en plus grande que la santé est liée à la nutrition a également amplifié la demande.

Même si l'on manque de certitude sur les bienfaits des légumes biologiques, on ne peut nier qu'ils ont meilleur goût que ceux issus de la culture intensive. Cela étant dit, il est important de garder à l'esprit que cette supériorité gustative peut être due au savoir-faire du producteur, à la variété spécifique du légume, ou parce que les légumes ont été produits localement, cueillis à maturité et vendus immédiatement.

Cultiver soi-même ses légumes

Il y a peu de plaisir aussi grand que de cultiver soi-même ses légumes. Vous pouvez aussi essayer des variétés qui ne se trouvent pas ordinairement dans les magasins.

Même si l'espace est limité, on peut cultiver un nombre surprenant de légumes dans des pots ou sur le rebord des fenêtres. Les plus faciles à cultiver pour les débutants sont les radis, les tomates cerises, les petits pois et les haricots verts. On peut cultiver des pommes de terre dans des grands sacs vendus par les grainetiers et dans les jardineries. Les salades sont aussi intéressantes : essayez la roquette, le cresson et certaines variétés de laitues. Les fines herbes, comme la ciboulette, le persil et le thym, sont d'un apport inestimable dans la cuisine et poussent facilement en pots.

Vérifier la fraîcheur

Quand on rapporte des légumes à la maison, on sait rarement combien de temps ils vont conserver leur fraîcheur. Les légumes conditionnés portent une date de péremption, mais celle-ci n'est pas une garantie de la conservation de la fraîcheur. Être attentif à la date limite lors de l'achat peut aider, ainsi que certains critères importants dans l'apparence du produit.

Légumes-fruits

Aubergines : les choisir en fonction de leur fermeté et de leur peau, qui doit être brillante et lisse. Rejeter celles qui portent des taches brunes.

Avocats : choisir ceux qui sont souples au toucher, signe qu'ils sont prêts à être mangés. Les plus durs mûriront en quelques jours à température ambiante.

Concombres : les choisir bien fermes, ni spongieux ni flasques.

Courgettes : elles doivent être fermes et sembler lourdes pour leur taille. Rejeter celles qui sont fissurées.

Piments et poivrons : choisir des fruits fermes avec une peau lisse. Rejeter ceux qui présentent des parties flétries.

Potirons et courges d'hiver : les fruits doivent sembler très lourds pour leur taille. Rejeter ceux dont la peau est abîmée ou qui présentent des parties flétries.

Tomates : rechercher les plus fermes à la peau lisse, de préférence avec leur calice.

Pousses

Artichauts : les têtes doivent être fermes, compactes, avec des feuilles bien resserrées.

Asperges : les choisir avec des tiges craquantes et des pointes fermes. Rejetez celles dont les tiges sont craquelées ou dont les pointes sont visqueuses.

Tiges

Céleri-branche : les côtes doivent être craquantes. Rejeter celles qui comportent des zones brunes.

Fenouil : les bulbes doivent être compacts et fermes, de préférence avec quelques feuilles en plumet. Rejeter ceux qui présentent des zones brunes.

Racines

Betterave potagère : le bulbe doit être ferme et avoir conservé quelques feuilles.

Carottes : elles doivent être fermes, avec une couleur vive et les feuilles bien vertes et fraîches, s'il y en a. Rejeter celles avec des excroissances de couleur jaune, des craquèlements, des trous ou de légères meurtrissures brunes.

Céleri-rave : les bulbes doivent être fermes et sembler lourds par rapport à leur taille. Rejeter ceux qui ont des zones molles ou des racines pourrissantes.

Radis : les bulbes doivent être petits ou de taille moyenne, de préférence avec la racine et des feuilles. Rejeter ceux qui paraissent spongieux au toucher.

Tubercules

Patates douces : choisir des tubercules fermes, de petite et moyenne taille.

Pommes de terre : elles doivent être fermes et lisses. Rejeter celles qui présentent des germes ou des zones verdâtres.

Topinambours : les tubercules doivent être fermes et homogènes. Rejeter ceux qui sont abîmés ou cassés.

Crucifères

Bettes, chou frisé et chou chinois (pak-choï) :
ils doivent avoir des feuilles fraîches et craquantes
et des côtes fermes pour les bettes. Rejeter ceux
qui semblent flasques ou jaunissants, et dont les
tiges sont meurtries.

Brocolis : les têtes doivent être d'un vert brillant.
Rejeter les produits flasques, jaunissants ou ceux
dont la tige est craquelée à la base.

Choux de Bruxelles : les petits choux doivent
être fermes et très compacts. Rejeter ceux
qui ont des feuilles jaunes.

Choux-fleurs : ils doivent être d'une belle couleur
crémeuse, avec des bouquets très compacts
et comporter de belles feuilles craquantes à la base.

Choux-pomme : ils doivent sembler lourds, avec
des feuilles craquantes. Rejeter ceux qui présentent
des feuilles externes jaunissantes, ainsi que ceux
auxquels on a enlevé beaucoup de feuilles.

Épinards : chercher les feuilles vert sombre, les plus
fraîchement cueillies. Rejeter celles qui paraissent
meurtries, jaunissantes ou visqueuses.

Salades

Chicorée : elle doit être bien pommée, allongée
et ferme. Rejeter toutes celles qui présentent
des excroissances vertes ou des zones brunes
flasques au bord des feuilles.

Laitues et endives : les feuilles doivent être très
fraîches et les cœurs compacts et fermes.

Roquette, cresson de fontaine et diverses autres
petites feuilles : veiller à la grande fraîcheur des
feuilles, qui doivent être d'un vert brillant. Rejeter
les feuilles jaunissantes ou flasques.

Trévise : choisir celles au cœur ferme et compact.
Rejeter celles auxquelles on a enlevé trop de feuilles
extérieures.

Champignons

Champignons cultivés et sauvages : les chapeaux
doivent être propres et légèrement humides, et sentir
la fraîcheur. Rejeter ceux qui paraissent flétris ou secs.

La famille des oignons

Ail, oignons et échalotes : les bulbes doivent être
renflés, fermes, avec une peau bien adhérente.

Oignons verts : ils doivent être fermes, avec
des tiges d'un vert brillant. Rejeter ceux qui semblent
secs ou flasques.

Poireaux : ils doivent être de petite ou de moyenne
taille, avec un fût bien blanc. Rejeter ceux dont
l'extrémité des feuilles est trop cisaillée ou jaunâtre.

Gousses et graines

Fèves : choisir des gousses de petite ou moyenne
taille. Rejeter celles qui présentent de grosses bosses.

Haricots verts : ils doivent être craquants et de peau
satinée. Rejeter les grimpants trop fibreux et trop longs.

Maïs : rechercher les épis dont les soies et les
enveloppes sont humides, et les grains renflés et doux.
L'enveloppe doit entourer entièrement les grains.

Petits pois : les gousses doivent être bien vertes
et craquantes. Rejeter celles qui sont jaunissantes
ou fibreuses.

Pousses de soja : les germes doivent paraître frais.
Rejeter ceux qui sont brunissants ou flasques.

Légumes surgelés

Plus les légumes sont conservés longtemps, plus leurs valeurs nutritives se dégradent. Puisqu'ils sont surgelés généralement peu après leur récolte, quand les nutriments ont atteint leur maximum, les légumes que nous achetons surgelés dans les magasins sont souvent préférables aux légumes « frais » qui ne sont pas de saison. Ceux que nous congelons à la maison conservent les mêmes qualités nutritives quand ils sont congelés au meilleur de leur condition.

La plupart des légumes congelés peuvent être conservés 9 à 12 mois à -18 °C ou en dessous, même s'ils subissent une perte de qualité nutritive au fil des mois. Ne jamais recongeler les légumes décongelés, leur texture en souffrirait.

Légumes en conserve

Les légumes en conserve sont une option acceptable, même s'il y a une perte de nutriments et de texture en raison du traitement à la chaleur impliqué dans le processus de conservation. Les conserves de tomates, de haricots, de pois chiches et de lentilles sont particulièrement intéressantes et utiles. Choisir de préférence des boîtes qui portent les mentions sans sucre ou sans sel ajoutés. Bien les rincer avant utilisation et ne jamais les réchauffer à trop forte chaleur. Penser à toujours vérifier les dates de péremption, et jeter systématiquement toute boîte rouillée, cabossée ou gonflée.

Légumes séchés

Certains légumes, dont la tomate, peuvent être achetés séchés. Ils doivent être réhydratés dans de l'eau chaude 20-30 minutes avant utilisation ou être conservés dans de l'huile. Les légumes secs sont des ingrédients pratiques. Ils sont moins chers qu'en conserve mais il faut les faire tremper au moins une nuit dans de l'eau, puis les faire bouillir 30 minutes à 2 heures, selon la variété et l'âge de la graine.

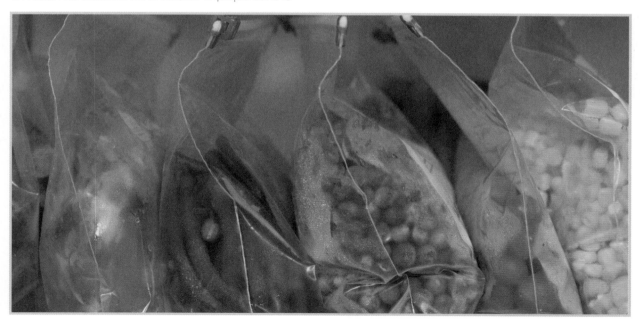

Manger des légumes de saison

À tort ou à raison, le marché mondial veut que nous ne soyons plus limités aux légumes de saison. On peut acheter des légumes récoltés partout dans le monde toute l'année, même au détriment du goût. Toutefois, aujourd'hui, nombre d'entre nous ont choisi de ne consommer que des légumes de saison, et si possible ceux provenant d'une production locale. Ainsi, nous soutenons les producteurs locaux et participons à la lutte contre la destruction de l'environnement, en partie causée par le transport d'aliments sur des milliers de kilomètres.

Les légumes de saison sont à pleine maturité, donc bien plus savoureux, et meilleur marché. S'il y a production excessive, on pourra acheter en plus grande quantité et congeler l'excédent.

Un autre avantage des produits saisonniers est qu'ils apportent un plus dans la monotonie des menus tout au long de l'année. Les premières asperges, les pommes de terre nouvelles, les petits pois nouveaux et les jeunes fèves sont des ingrédients savoureux, accueillis avec enthousiasme après l'austérité de la fin de l'hiver. Tomates, courgettes et poivrons atteignent leur meilleur au cœur de l'été, courges d'hiver et potirons nous rappellent avec leurs belles couleurs que l'automne bat son plein, navets et choux de Bruxelles nous arrivent après les premières gelées.

Manger des légumes de saison nous aide donc à rester en harmonie avec les rythmes naturels du calendrier culinaire. De plus, en nous limitant aux produits de saison, nous avons plus d'opportunité d'expérimenter différentes façons d'accommoder des nouvelles variétés, que nous n'aurions pas forcément pensé à incorporer au menu.

Les légumes et leur saison

Les listes suivantes sont un guide des légumes disponibles selon les conditions climatiques des différentes régions. À l'exception des champignons de couche, les listes se réfèrent aux cultures en plein air plutôt qu'à celles faites sous polytunnels ou en serres.

Printemps

Ail (vert, sauvage, fin de printemps)

Asperges (fin de printemps)

Brocolis nouveaux (début de printemps)

Cardons

Carottes

Céleri-rave

Champignons (morilles sauvages, champignons de couche, cultivés)

Chou (rouge, blanc, pomme, vert et autres)

Chou-fleur

Choux précoces

Courges

Cresson de fontaine

Échalotes (début de printemps)

Épinards

Navets

Oignons (rouges, blancs, salade de printemps)

Poireaux (début de printemps)

Pommes de terre (fin de printemps)

Radis (fin de printemps)

Roquette (fin de printemps)

Rutabagas

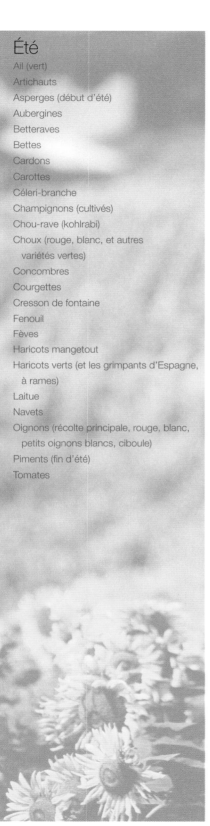
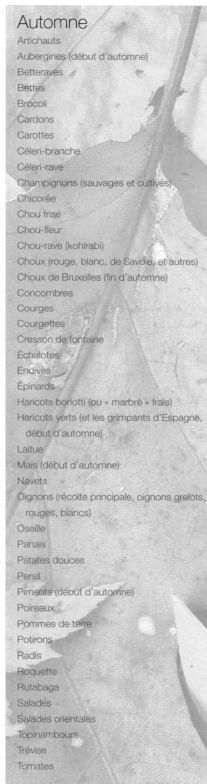

Été

Ail (vert)
Artichauts
Asperges (début d'été)
Aubergines
Betteraves
Bettes
Cardons
Carottes
Céleri-branche
Champignons (cultivés)
Chou-rave (kohlrabi)
Choux (rouge, blanc, et autres
   variétés vertes)
Concombres
Courgettes
Cresson de fontaine
Fenouil
Fèves
Haricots mangetout
Haricots verts (et les grimpants d'Espagne,
   à rames)
Laitue
Navets
Oignons (récolte principale, rouge, blanc,
   petits oignons blancs, ciboule)
Piments (fin d'été)
Tomates

Automne

Artichauts
Aubergines (début d'automne)
Betteraves
Bettes
Brocoli
Cardons
Carottes
Céleri-branche
Céleri-rave
Champignons (sauvages et cultivés)
Chicorée
Chou frisé
Chou-fleur
Chou-rave (kohlrabi)
Choux (rouge, blanc, de Savoie, et autres)
Choux de Bruxelles (fin d'automne)
Concombres
Courges
Courgettes
Cresson de fontaine
Échalotes
Endives
Épinards
Haricots borlotti (ou « marbré » frais)
Haricots verts (et les grimpants d'Espagne,
   début d'automne)
Laitue
Maïs (début d'automne)
Navets
Oignons (récolte principale, oignons grelots,
   rouges, blancs)
Oseille
Panais
Patates douces
Persil
Piments (début d'automne)
Poireaux
Pommes de terre
Potirons
Radis
Roquette
Rutabaga
Salades
Salades orientales
Topinambours
Trévise
Tomates

Hiver

Brocoli (fleurs de)
Cardons
Carottes
Céleri-branche
Céleri-rave
Champignons (cultivés)
Chicorée
Chou (rouge, blanc, de Savoie,
   autres variétés vertes)
Chou frisé
Chou-fleur
Choux de Bruxelles
Cresson de fontaine
Échalotes
Endives
Oignons (récolte principale, oignons
   grelots, rouges, blancs)
Panais
Patates douces
Poireaux
Pommes de terre
Radis
Roquette
Rutabagas
Topinambours
Trévise

Conserver des légumes

Dès qu'ils sont récoltés, les légumes commencent à se détériorer. Même s'ils restent comestibles un certain temps, saveurs et texture se modifient peu à peu, et les nutriments essentiels disparaissent. Un bon stockage aide à lutter contre cette détérioration.

De nombreux légumes aiment l'humidité du bac à légumes du réfrigérateur, mais d'autres exigent un stockage différent. Les tomates, par exemple, préfèrent la température ambiante. De même, le réfrigérateur ne convient pas aux oignons, aux courges d'hiver et aux légumes-racines féculents. Ces derniers seront mieux conservés dans un lieu sec et aéré, un garde-manger frais ou un casier à légumes ventilé.

Le conditionnement est également important. Une bonne idée est de mettre les légumes dans un papier d'emballage, ou un sac en plastique ouvert s'ils doivent séjourner au réfrigérateur. Cela apporte l'atmosphère humide mais ventilée exigée par la plupart des légumes. En revanche, il est préférable de mettre le cresson de fontaine et les feuilles de salade verte fragiles, par exemple, qui ont besoin d'un environnement humide, dans un sac plastique hermétiquement clos.

La congélation

La congélation est un bon moyen pour conserver les légumes, notamment le surplus des récoltes de son potager. La plupart seront conservés pendant une période de 9 à 12 mois, selon leur état d'origine.

Avant de congeler les légumes, il faut les blanchir pour détruire les enzymes qui risqueraient d'accélérer une détérioration. Une fois blanchis, les refroidir rapidement sous l'eau courante, les égoutter et bien les sécher avant de les empaqueter. Certains légumes, comme le céleri et les poivrons par exemple, perdent leur texture ferme une fois qu'ils sont congelés, il est donc préférable de les utiliser en soupes ou en ragoûts.

Vous trouverez ci-dessous la liste des légumes propres à la congélation, par catégorie, ainsi que des suggestions pour le processus et les temps de blanchiment.

Légumes-fruits

Aubergines : se conservent dans le bac à légumes du réfrigérateur 3 à 4 jours.

Avocats : laisser mûrir les fruits durs à température ambiante 2 à 7 jours. À maturité, ils se gardent dans le bac à légumes du réfrigérateur 2 à 3 jours.

Concombres : se gardent dans le bac à légumes du réfrigérateur 3 à 4 jours. Une fois coupés, les emballer de film alimentaire et les utiliser dans les 24 heures.

Courgettes : conserver dans le bac à légumes du réfrigérateur 2 à 4 jours. Congélation : couper les extrémités, tailler en tranches et blanchir 1 minute.

Piments et poivrons : ils se gardent dans le bac à légumes du réfrigérateur une semaine maximum. Pour plus de saveur, les amener à maturité à température ambiante. Lorsqu'ils sont découpés, les envelopper de film alimentaire et les utiliser dans les 24 heures. Congélation : les couper en deux, enlever les pépins et la queue. Griller les deux moitiés 5 à 8 minutes, ou faire des tranches épaisses et les blanchir 3 minutes.

Potirons et courges d'hiver : se gardent dans un endroit sec et aéré 2 à 6 mois, ou à température ambiante 2 à 3 semaines. Congélation : couper en morceaux, peler et épépiner. Rôtir jusqu'à ce que la chair soit tendre ou blanchir 3 minutes, puis réduire en purée.

Tomates : les fruits mûrs se gardent à température ambiante 1 à 2 jours. S'ils sont trop fermes, les laisser atteindre la pleine maturité, de préférence sur un rebord de fenêtre ensoleillé, ce qui peut prendre une semaine. Éviter le réfrigérateur, qui gâte les saveurs. Congélation : couper les tomates en morceaux, les faire mijoter dans leur jus pendant 5 minutes, puis réduire en purée. Passer au tamis pour une purée plus fine.

Légumes-fleurs et pousses

Artichauts : enveloppés de film alimentaire, ils se gardent 3 jours dans le bac à légumes du réfrigérateur.

Asperges : couper l'extrémité des tiges et les placer à la verticale dans un récipient plein d'eau recouvert d'un sac en plastique. Conserver au réfrigérateur 1 à 2 jours. Congélation : séparer les petites des moyennes ou grosses ; couper les extrémités ligneuses. Blanchir les moyennes et les grosses 4 minutes et les petites 2 minutes.

Tiges

Céleri : se garde une semaine dans un sac en plastique dans le bac à légumes du réfrigérateur. Une fois le légume coupé, envelopper les tiges non utilisées dans du papier d'aluminium ; elles se gardent 3 jours.

Fenouil : le bulbe se garde dans le bac à légumes du réfrigérateur 4 jours. Une fois découpé, l'envelopper de film alimentaire et l'utiliser dans les 24 heures.

Racines

Betteraves : ôter les feuilles et garder un morceau de la tige. Se gardent une semaine dans le bac à légumes du réfrigérateur.

Carottes : couper les feuilles mais garder un plumet. Se gardent dans le bac à légumes du réfrigérateur une semaine. Conserver les très jeunes carottes seulement 1 à 2 jours. Congélation : les laisser entières si elles sont petites, sinon les couper en gros morceaux ; blanchir 3 à 5 minutes.

Céleri-rave : se garde 2 semaines dans un endroit sec et aéré ; ou 1 semaine enveloppé de film alimentaire dans le bac à légumes du réfrigérateur.

Radis : ôter les fanes et conserver un peu de tiges ; envelopper de papier absorbant humide, sans laver.

Conserver dans un sac en plastique fermé dans le bac à légumes du réfrigérateur, jusqu'à 1 semaine.

Tubercules

Patates douces : se gardent à l'abri de la lumière dans un endroit sec et aéré 3 à 4 semaines, ou une semaine dans un linge ou du papier dans un casier ventilé.

Pommes de terre : se gardent à l'abri de la lumière, dans un endroit aéré et sec, 2 à 3 mois. On peut aussi les garder une semaine dans un tiroir ventilé, dans un linge ou un sac en papier.

Topinambours : se gardent dans un endroit sec et aéré, à l'abri de la lumière, 3 à 4 semaines. Ils peuvent aussi se garder 1 semaine dans un casier bien ventilé, dans un linge ou un sac en papier.

Crucifères

Bettes : envelopper, non lavés, de papier absorbant humide. Stocker dans un sac en plastique fermé, dans le bac à légumes du réfrigérateur 1 à 2 jours.

Brocoli et chou-fleur : se gardent 2 à 3 jours dans le bac à légumes du réfrigérateur. Congélation : détailler en bouquets et blanchir 3 à 5 minutes.

Chou-pomme : garder entier dans le bac à légumes du réfrigérateur 1 semaine. Envelopper en morceaux serrés dans un film alimentaire et utiliser dans les 1 à 2 jours suivants.

Choux de Bruxelles : se gardent 1 à 2 jours dans le bac à légumes du réfrigérateur. Congélation : couper la base et l'inciser en croix. Blanchir 3 à 4 minutes.

Chou frisé : enveloppé dans du papier absorbant humide, il se conservera 1 à 2 jours dans le bac à légumes du réfrigérateur, dans un sac en plastique fermé.

Épinards : laver et égoutter ; étaler sur du papier absorbant et enrouler sans serrer. Mettre dans un grand sac en plastique fermé, dans le bac à légumes du réfrigérateur, pendant 1 à 2 jours. Congélation : couper les tiges dures ; blanchir par petits paquets pendant 2 minutes. Bien essorer avant de congeler.

Pak-choï : envelopper, non lavé, de papier absorbant humide. Stocker dans le bac à légumes du réfrigérateur 1 à 2 jours, dans un sac en plastique fermé.

Salades
Chicorée : se garde 2 à 3 jours dans le bac à légumes du réfrigérateur.

Cresson de fontaine : envelopper les bouquets dans du papier absorbant humide. Conserver dans le bac à légumes du réfrigérateur 1 à 2 jours, dans un sac en plastique fermé.

Laitue, endive et trévise : garder, non lavé, 3 à 4 jours dans le bac à légumes du réfrigérateur ; ou laver et essorer, étaler sur du papier absorbant et enrouler sans serrer ; mettre dans un sac en plastique fermé, dans le bac à légumes du réfrigérateur, 1 à 2 jours.

Roquette et autres petites feuilles : laver et essorer, étaler sur du papier absorbant et enrouler sans serrer. Garder dans le bac à légumes du réfrigérateur, dans un sac en plastique fermé, à 1 à 2 jours.

Champignons
Champignons des bois ou cultivés : se gardent dans un sac en papier d'emballage, dans le bac à légumes du réfrigérateur, pendant 1 à 2 jours.

Famille des oignons
Ail : se conserve dans un pot en terre cuite, ou dans un casier à légumes bien ventilé, 7 à 10 jours.

Oignons et échalotes : oignons jaunes et échalotes se gardent dans un endroit frais et aéré plusieurs semaines, ou dans un casier à légumes ventilé une dizaine de jours. Ne pas conserver les oignons blancs, rouges ou d'Espagne plus de 5 à 7 jours, car ils pourrissent plus rapidement.

Oignons verts : se gardent 1 semaine dans le bac à légumes du réfrigérateur.

Poireaux : se conservent dans le bac à légumes du réfrigérateur jusqu'à une semaine.

Gousses et graines
Fèves : se gardent non mondées 2 à 3 jours dans le bac à légumes du réfrigérateur. Congélation : monder et blanchir 3 minutes.

Haricots verts : se conservent 3 à 4 jours dans le bac à légumes du réfrigérateur. Congélation : ébouter, ôter les fils et blanchir 1 à 2 minutes. On peut les laisser entiers ou les couper (surtout les haricots à rames).

Petits pois : se gardent dans leurs cosses 3 à 4 jours dans le bac à légumes du réfrigérateur. Congélation : choisir les plus frais et les plus tendres. Les écosser et les blanchir 1 à 2 minutes.

Pousses de soja : se gardent 1 à 2 jours dans un sac en plastique, dans le bac à légumes du réfrigérateur.

Maïs : envelopper l'épi de papier absorbant humide et le mettre dans un sac en plastique fermé ; se garde 24 heures dans le bac à légumes du réfrigérateur.

Préparer les légumes

Même si les supermarchés vendent des légumes prêts à l'emploi, il vaut mieux les acheter frais en vrac et les préparer juste avant de les consommer.

Il faut laver les légumes ou les gratter, mais ne pas les laisser tremper dans l'eau, cela détruit les nutriments solubles. De même, il faut éviter de les couper et de les préparer trop longtemps à l'avance pour ne pas perdre les vitamines – notamment la vitamine C – qui souffrent de l'exposition à l'air.

Comment préparer les poivrons

1. Laver les poivrons et les couper en deux dans la hauteur.
2. Jeter les tiges vertes.
3. Retirer la membrane blanche et les pépins restants, puis émincer ou hacher selon les besoins.

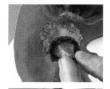

Comment monder et épépiner des tomates

1. Retirer la tige à l'aide d'un couteau pointu. Inciser en croix le dessous de la tomate. Porter une grande casserole d'eau à ébullition, puis y plonger les tomates et les blanchir 5 à 10 secondes, jusqu'à ce que la peau commence à se détacher. Les retirer de l'eau à l'aide d'une écumoire.
2. Transférer les tomates dans un bol d'eau glacée pour stopper la cuisson.
3. Égoutter les tomates et en retirer délicatement la peau.
4. Couper les tomates en quartiers et retirer les pépins. Couper la chair comme selon les besoins.

Comment hacher des oignons

1. Peler les oignons et les couper en deux dans la hauteur.
2. Mettre les demi-oignons sur une planche à découper, côté coupé vers le bas, puis les inciser dans la longueur sans couper la racine.
3. Inciser ensuite dans l'épaisseur, toujours sans couper la racine.
4. Saisir les demi-oignons fermement, puis couper dans la largeur, jusqu'à atteindre la racine.

Comment préparer des poireaux

1. Retirer la racine.
2. Retirer l'autre extrémité et jeter les parties vertes coriaces.
3. Ôter les feuilles externes.
4. Rincer à l'eau courante, puis émincer ou hacher, selon les besoins.

Comment préparer
un potiron
ou une autre courge
1. Couper le potiron
en deux dans la largeur,
transférer les pépins
dans un bol et les
réserver.
2. Couper la chair en
quartiers, puis la peler.
3. Retirer les
membranes ligneuses
à l'aide d'un couteau
tranchant.
4. Couper le potiron
en dés de 1 cm.
5. Les pépins peuvent
être grillés 30 minutes
à 160 °C (th. 5-6).
Saupoudrer de sel
avant de servir.

Comment préparer
du céleri
1. Retirer la racine
et l'extrémité foncée
de la branche.
2. Bien rincer
la branche à l'eau
courante.
3. Retirer les fils à
l'aide d'un couteau
tranchant ou d'un
économe, puis
émincer la branche
selon les besoins.

Comment préparer
de fenouil

1. Retirer la racine
du bulbe.
2. Peler les couches
extérieures.
3. Retirer les tiges
et les frondes.
Les frondes peuvent
s'utiliser en garniture
et les tiges dans
des sauces et
des bouillons.
4. Couper le bulbe en
deux dans la hauteur
de part en part,
puis l'émincer selon
les besoins.

Comment préparer
des champignons

1. Ôter la base
des pieds et retirer
les salissures.
2. Essuyer avec
du papier absorbant
humide, puis émincer
selon les besoins.

Comment préparer
des épinards

1. Laver les épinards
à l'eau courante. Trier
les feuilles et jeter
celles qui sont jaunes.
2. Retirer les tiges.

Techniques de cuisson

Si la plupart des légumes peuvent être mangés crus, il existe néanmoins de nombreux modes de cuisson qui apporteront de la diversité à vos repas. On peut tirer le maximum de saveur, de couleur et de texture des légumes tout en préservant autant que possible les vitamines essentielles et les apports nutritifs.

Braiser

Cette méthode de cuisson nécessite peu d'eau, et la casserole est couverte. La chaleur est très réduite et le temps de cuisson bien plus long. Vous pouvez commencer par faire revenir les ingrédients dans un peu d'huile ou de beurre, puis ajoutez l'eau ou un autre liquide avant de couvrir. Le peu de liquide qui reste en fin de cuisson sera légèrement sirupeux et parfumé ; versez ce jus sur vos légumes et vous bénéficierez de tous les nutriments. Les oignons, les navets, les poireaux, la chicorée, le fenouil et le céleri se prêtent bien à la cuisson braisée. Le chou rouge est également un des crucifères qui bénéficiera de ce mode de cuisson plus long.

Cuire à l'eau bouillante

Cette méthode, qui consiste à plonger les légumes dans une casserole d'eau bouillante salée, sans couvrir, convient bien au maïs, aux pommes de terre et aux légumes-racines. Il vaut mieux cuire les légumes verts à la vapeur, mais si vous devez les faire bouillir, faites-le sans couvrir la casserole ; le couvercle leur ôterait leur belle couleur verte. Choisissez un récipient adapté à la quantité de légumes à cuire pour que l'eau puisse circuler mais utilisez le minimum d'eau, réduisez au maximum le temps de cuisson et égouttez les légumes immédiatement car l'ébullition détruit les vitamines solubles dans l'eau, principalement les vitamines B et C. D'autres nutriments importants se dissolvent dans l'eau, aussi prenez l'habitude de conserver l'eau de cuisson, qui pourra servir de base à des potages ou des sauces.

Cuire à la vapeur

L'eau entre moins en contact avec les aliments que dans le cas de la cuisson à l'eau bouillante. Les légumes restent donc plus croquants et conservent plus d'éléments nutritifs. En outre, certains légumes – haricots mangetout, poireaux et courgettes – deviennent mous, donc peu appétissants, s'ils sont bouillis. Les pommes de terre nouvelles à la vapeur sont délicieuses ; pensez à déposer quelques feuilles de menthe fraîche dans le panier pour les parfumer.

Cuire au four

Les pommes de terre, les oignons et l'ail peuvent être cuits au four « à sec », dans leur peau. D'autres légumes plus tendres (comme poivrons et tomates) peuvent être farcis ou enveloppés de papier d'aluminium.

Cuire au gril ou au barbecue

Ces deux méthodes de cuissons ne conviennent pas aux légumes délicats ou denses, qui brûleraient au lieu de cuire. En revanche, elles sont excellentes pour les légumes plus tendres, comme les oignons, le maïs, les poivrons, les aubergines et les tomates. Tous les légumes doivent être légèrement enduits d'huile avant la cuisson.

Cuire au wok

Cette méthode est devenue très populaire. Elle exige très peu d'huile et un feu très vif. Les légumes gardent ainsi leurs qualités nutritives, leur saveur, leur texture et leur couleur. Il faut les couper finement et les remuer rapidement dans un wok chaud pour faciliter une cuisson rapide et homogène. Nous sommes beaucoup à bien connaître cette méthode de cuisson pour les mini-épis de maïs, les mangetout, les poivrons et les pousses de soja ou de bambous, mais elle convient aussi parfaitement aux fleurettes de chou-fleur, aux choux de Bruxelles et autres choux ou aux carottes.

Faire sauter et cuire à l'étouffée

Ces deux méthodes requièrent moins d'huile que la friture traditionnelle à la poêle, et exigent un processus plus long que la cuisson au wok. On fait sauter les légumes dans une poêle sans couvercle ; pour la cuisson à l'étouffée il faut une cocotte à fond épais munie d'un couvercle ou une sauteuse. L'eau qui s'évapore des ingrédients est retenue par le couvercle et retombe dans le récipient. Les oignons sont souvent cuits à l'étouffée, ce qui les attendrit sans les laisser se colorer.

Frire

La cuisson à la friteuse est un peu délaissée, en raison de la quantité de matière grasse qu'elle nécessite. Cependant, si la température est correcte, les aliments sont plus vite saisis et absorbent moins d'huile que dans une poêle. Tremper les légumes dans une pâte ou dans un œuf battu avec de la chapelure forme une croûte qui, elle aussi, réduit l'absorption de l'huile. La friteuse reste la méthode de cuisson la plus classique pour les frites, et donne également de bons résultats avec les aubergines et les courgettes. Pour certains légumes, on peut opter pour une friture à sec dans une poêle, une cocotte en fonte ou une simple plaque de fonte, beaucoup plus saine.

Pocher

Pour des légumes plus délicats, il existe une méthode de cuisson plus douce qui consiste à plonger les aliments dans un liquide en ébullition (eau, bouillon, vin ou lait), puis à réduire le feu et les faire frémir doucement pour conserver leur goût, leur texture et leur forme.

Rôtir

Traditionnellement, rôtir des légumes signifiait qu'ils avaient cuit dans la graisse d'une pièce de viande. Une option bien plus saine consiste à faire rôtir des légumes préalablement arrosés d'un filet d'huile d'olive dans un plat à four, en ajoutant de l'ail et des herbes pour plus de saveur. Les courges, le panais, les pommes de terre, les poivrons, les oignons, les tomates, les asperges et même la betterave sont délicieux cuits de cette façon ; leur saveur est concentrée et la douceur naturelle des légumes est accentuée.

Temps de cuisson

Pour un bénéfice nutritionnel maximal, il faut cuire les légumes le moins longtemps possible. Coupez-les en morceaux de même taille pour qu'ils gardent un bel aspect et qu'ils cuisent uniformément. Si les pommes de terre demandent à être cuites à point, d'autres légumes-racines, comme les carottes, sont meilleures en ayant conservé un peu de croquant. Réduisez le temps de cuisson de vos légumes cuits à l'eau et vous apprécierez leur texture plus croquante. Contentez-vous de blanchir certains légumes 30 secondes à l'eau bouillante – ceux qui contiennent beaucoup d'eau, comme les épinards, le céleri ou les pousses de soja. Pour faire sauter les légumes, ou pour la friture, assurez-vous que l'huile soit bien chaude avant d'y plonger les légumes. Quand vous manquez de temps, vous pouvez passer vos légumes au micro-ondes. Cette méthode exige moins de liquide et moins de matière grasse, et vous bénéficierez des bienfaits d'un temps de cuisson plus court, par rapport à la cuisine conventionnelle.

Chapitre 1
Légumes-fruits

Guide des légumes-fruits

Bien que les légumes de ce groupe soient techniquement des fruits, ils sont généralement considérés comme des légumes. Les légumes-fruits sont polyvalents — ils sont adaptés à la majorité des méthodes de cuisson et certains se consomment même crus.

Aubergines

Appelées « caviar du pauvre » au Moyen-Orient, elles apportent substance et saveur à des ragoûts épicés et des plats à base de tomate. Elles peuvent être rôties, grillées ou réduites en purée dans des sauces froides.

Avocats

Avec leur texture riche, leur consistance de beurre et leur goût de noisette, les avocats sont délicieux crus. Ils se mangent dans leur peau, dans des salades ou réduits en purée avec des épices pour préparer du guacamole ou d'autres purées froides. On peut aussi les cuire, ou les utiliser dans une soupe riche et onctueuse.

Concombres

Dans la cuisine indienne et moyen-orientale, les concombres sont traditionnellement mélangés à du yaourt et de la menthe pour créer des condiments qui adoucissent le feu des plats épicés. Le type à peau lisse a une peau tendre et se mange tel quel. Les concombres semi-épineux, eux, ont une peau amère qu'il faut peler. Les concombres sont meilleurs crus. Ils ajoutent de la couleur et de la texture à des salades.

Courges d'été

Les courgettes sont les courges d'été les plus connues. Elles sont meilleures jeunes et petites ; la saveur diminue et les graines durcissent lorsqu'elles grossissent. Polyvalentes, les courgettes peuvent être cuites à la vapeur, poêlées, rôties, réduites en purée et grillées sur une plaque en fonte. Elles s'utilisent aussi dans des soupes et des plats en cocotte. Leurs fleurs sont idéales pour les farces. À maturité, les courgettes deviennent des courges, charnues et aqueuses, et idéales pour accueillir des farces. Le pâtisson et la courge spaghetti sont d'autres variétés de courges d'été appréciées.

Courges d'hiver et citrouilles

La courge doubeurre est l'un des types les plus fréquents en hiver. Légume gros et reconnaissable à sa forme de poire à peau dorée et chair orange, il est tout aussi délicieux en purée, cuit ou four ou rôti, ou utilisé dans des soupes et des ragoûts. Les citrouilles peuvent être utilisées de la même façon, bien que la chair ait tendance à être un peu plus aqueuse et à se déliter facilement. Les petites citrouilles ont une chair plus douce et moins fibreuse que les grosses, qu'il vaut probablement mieux conserver pour en faire des lanternes à Halloween !

Piments

Les piments jouent un rôle essentiel dans de nombreuses cuisines, notamment mexicaine, indienne et thaïe. Il en existe des centaines de types, allant d'un piquant léger à torride. Les piments se mangent frits, rôtis ou grillés, ajoutés à des soupes et à des ragoûts, ou à des plats à base de légumes farineux, de légumes secs et de céréales pour les réveiller.

Poivrons

Les poivrons existent dans toute une palette de couleurs : ils sont d'abord vert tendre puis, en mûrissant, jaunes, orange et rouge vif. Certaines variétés sont d'un pourpre prononcé, voire brun chocolat. Quel que soit leur type, ils ajoutent de la substance et de la couleur à de nombreux ragoûts, soupes, salades et poêlées. Ils se consomment aussi farcis de viande ou de riz, grillés en hors-d'œuvre, ou réduits en purée pour des assaisonnements et des sauces froides.

Tomates

Il existe aujourd'hui un choix de variétés immense, de la tomate cerise sucrée dont on ne fait qu'une bouchée à la grosse tomate cœur-de-bœuf à émincer. Avec sa chair épaisse et juteuse, l'olivette convient parfaitement aux sauces généreuses, tandis que les tomates séchées au soleil ajoutent une saveur intense aux sauces froides ou chaudes, aux soupes et aux ragoûts.

Bruschetta à la tomate

Pour 4 personnes

Ingrédients

• 8 tranches de pain de campagne
• 4 gousses d'ail, coupées en deux
• 8 tomates olivettes, mondées
  et coupées en dés
• huile d'olive vierge extra,
  pour arroser
• sel et poivre
• feuilles de basilic frais,
  en garniture

1 Préchauffer le gril et y faire légèrement griller les tranches de pain des deux côtés. Frotter chaque tartine avec une demi-gousse d'ail et passer de nouveau au gril.

2 Répartir les tomates sur les toasts, puis saler, poivrer et arroser d'huile. Servir immédiatement, garni de feuilles de basilic.

Polenta aux tomates
et sa sauce à l'ail

Ingrédients
- 700 ml de bouillon de légumes ou d'eau
- 175 g de polenta instantanée
- 25 g de beurre
- 3 cuil. à soupe de ciboulette fraîche hachée
- 2 cuil. à soupe de persil plat frais haché
- huile d'olive, pour enduire
- 4 tomates olivettes, coupées en rondelles
- sel et poivre

Sauce à l'ail
- 2 tranches épaisses de baguette de pain, croûtes retirées
- 3 gousses d'ail, hachées
- ½ cuil. à café de sel
- 115 g de cerneaux de noix
- 3 cuil. à soupe de jus de citron
- 7 cuil. à soupe d'huile d'olive

1 Porter le bouillon à ébullition dans une casserole, ajouter la polenta et la cuire 5 minutes à feu moyen sans cesser de remuer, jusqu'à ce que la polenta commence à se détacher des parois de la casserole.

2 Retirer la casserole du feu et incorporer le beurre, la ciboulette et le persil. Poivrer à volonté. Transférer la polenta dans un plat huilé et l'étaler de façon homogène. Laisser refroidir et prendre.

3 Pour la sauce à l'ail, couper le pain en morceaux et le mettre dans un bol. Couvrir d'eau froide et laisser tremper 10 minutes. Piler l'ail en pâte avec le sel et y ajouter les noix. Égoutter le pain en pressant bien et l'incorporer à la pâte d'ail avec le jus de citron. Ajouter l'huile et battre jusqu'à obtention d'une sauce crémeuse. Transférer la sauce dans un bol, la couvrir de film alimentaire et la réserver.

4 Huiler un gril en fonte rainuré et le préchauffer. Couper la polenta durcie en triangles ou en ronds. Saler et poivrer les tomates. Dès que le gril est chaud, y ajouter les tomates et la polenta, et les cuire 4 à 5 minutes.

5 Répartir la polenta et les tomates sur des assiettes chaudes, arroser de sauce à l'ail et servir immédiatement.

Soupe d'avocats
aux amandes

Pour 4 personnes

Ingrédients
- 600 ml d'eau
- 1 oignon, finement haché
- 1 branche de céleri, finement haché
- 1 carotte, râpée
- 4 gousses d'ail, hachées ou pilées
- 1 feuille de laurier
- ½ cuil. à café de sel, ou à volonté
- 100 g de poudre d'amandes
- 2 avocats mûrs (environ 450 g au total)
- 3 à 4 cuil. à soupe de jus de citron
- huile d'olive vierge extra, pour arroser
- ciboulette fraîche hachée, en garniture

1 Mettre l'eau, l'oignon, le céleri, l'ail, la carotte, le laurier et le sel dans une casserole. Porter à ébullition, réduire le feu et couvrir, puis laisser mijoter environ 30 minutes, jusqu'à ce que les légumes soient très tendres.

2 Filtrer la préparation en réservant le liquide de cuisson et les légumes séparément. Jeter la feuille de laurier.

3 Mettre les légumes dans un robot de cuisine, ajouter la poudre d'amandes et un peu de liquide de cuisson, et réduire le tout en purée très lisse. Racler les parois du robot de cuisine si nécessaire. Ajouter autant de liquide de cuisson que la taille du robot de cuisine le permet et mixer pour mélanger. Transférer dans un bol, ajouter le liquide s'il en reste. Couvrir et réserver au réfrigérateur.

4 Couper les avocats en deux, jeter les noyaux et transférer la chair dans le robot de cuisine. Ajouter la soupe froide et réduire en purée homogène. Racler les parois du robot si nécessaire. Pour obtenir une soupe plus fluide, ajouter éventuellement quelques cuillerées à soupe d'eau.

5 Ajouter le jus de citron et saler à volonté. Répartir la soupe dans des assiettes à soupe froides, arroser d'huile d'olive vierge extra et servir immédiatement, garni de ciboulette.

Salade de pâtes
aux poivrons grillés

Pour 4 personnes

Ingrédients
- 1 poivron rouge
- 1 poivron orange
- 280 g de conchiglies sèches
- 5 cuil. à soupe d'huile d'olive vierge extra
- 2 cuil. à soupe de jus de citron
- 2 cuil. à soupe de pesto
- 1 gousse d'ail, finement hachée
- 3 cuil. à soupe de basilic frais ciselé
- sel et poivre

1 Préchauffer le gril. Mettre les poivrons sur une plaque de four et les passer 15 minutes au gril chaud en les retournant souvent, jusqu'à ce qu'ils aient noirci. Les retirer de la plaque à l'aide de pinces et les mettre dans un bol. Couvrir de papier absorbant froissé et réserver.

2 Pendant ce temps, porter une grande casserole d'eau salée à ébullition, ajouter les pâtes et porter de nouveau à ébullition. Cuire 8 à 10 minutes, jusqu'à ce que les pâtes soient *al dente*.

3 Mettre l'huile, le jus de citron, l'ail et le pesto dans un grand bol et bien battre le tout. Égoutter les pâtes, les ajouter dans le bol et bien mélanger. Réserver.

4 Dès que les poivrons ont refroidi, les peler, les ouvrir et les épépiner. Hacher grossièrement la chair et l'incorporer aux pâtes avec le basilic. Saler, poivrer et bien mélanger. Servir immédiatement.

Tarte aux légumes d'été

Pour 4 à 6 personnes

Ingrédients
- 2 poivrons rouges
- 4 cuil. à soupe d'huile d'olive
- 350 g de pâte feuilletée, décongelée si elle est surgelée
- farine, pour saupoudrer
- 2 tomates fermes mais mûres, coupées en fines rondelles
- 250 g de ricotta
- 100 g de parmesan, râpé
- 1 cuil. à café de feuilles de thym frais
- 1 cuil. à soupe de ciboulette fraîche ciselée
- sel et poivre

1 Préchauffer le four à 200 °C (th. 6-7).

2 Retirer les tiges et les pépins des poivrons et détailler la chair en lanières. Mettre les lanières sur une plaque de four et les arroser de la moitié de l'huile d'olive. Saler et poivrer, puis cuire 20 minutes au four préchauffé, jusqu'à ce que les poivrons soient tendres. Laisser refroidir.

3 Abaisser la pâte feuilletée sur un plan de travail fariné et en recouvrir un moule de 23 cm de diamètre. Piquer la pâte à l'aide d'une fourchette de sorte qu'elle ne gonfle pas à la cuisson.

4 Répartir les poivrons dans le fond de tarte et ajouter les rondelles de tomates. Saler et poivrer à volonté.

5 Battre la ricotta jusqu'à ce qu'elle soit bien lisse, puis la répartir sur les légumes. Saupoudrer de parmesan, parsemer de thym et de ciboulette, puis arroser avec l'huile restante. Cuire 20 minutes au four préchauffé, jusqu'à ce que la pâte et la garniture soient dorées. Servir immédiatement ou laisser refroidir.

Ratatouille

Pour 4 personnes

Ingrédients
- 2 aubergines
- 4 courgettes
- 2 poivrons jaunes
- 2 poivrons rouges
- 2 oignons
- 2 gousses d'ail
- 150 ml d'huile d'olive
- 1 bouquet garni
- 3 grosses tomates, mondées, épépinées et concassées
- sel et poivre

1 Hacher grossièrement les aubergines et les courgettes. Épépiner et hacher les poivrons. Émincer les oignons et hacher l'ail.

2 Chauffer l'huile dans une grande casserole, ajouter les oignons et les cuire 5 minutes à feu doux en remuant de temps en temps, jusqu'à ce qu'ils soient tendres. Ajouter l'ail et cuire encore 2 minutes en remuant souvent.

3 Ajouter les aubergines, les courgettes et les poivrons. Cuire à feu moyen en remuant de temps en temps, jusqu'à ce que les poivrons commencent à se colorer. Ajouter le bouquet garni, réduire le feu et couvrir, puis laisser mijoter 40 minutes.

4 Incorporer les tomates, puis saler et poivrer à volonté. Couvrir et laisser mijoter encore 10 minutes. Jeter le bouquet garni. Servir chaud ou froid.

Tortillas pimentées au tofu

Pour 4 personnes

Ingrédients
- ½ cuil. à café de poudre de piment
- 1 cuil. à café de paprika
- 2 cuil. à soupe de farine
- 225 g de tofu ferme, coupé en dés de 1 cm
- 2 cuil. à soupe d'huile végétale
- 1 oignon, finement haché
- 1 gousse d'ail, hachée
- 1 gros poivron rouge, épépiné et finement haché
- 1 gros avocat mûr
- 1 cuil. à soupe de jus de citron vert
- 4 tomates, mondées, épépinées et hachées
- 125 g de fromage râpé
- 8 tortillas de blé souples
- 150 ml de crème aigre
- sel et poivre
- piments verts jalapeño en saumure, en accompagnement

Sauce
- 850 ml de sugocasa (*voir* page 52)
- 3 cuil. à soupe de persil frais haché
- 3 cuil. à soupe de coriandre fraîche hachée

1 Préchauffer le four à 190 °C (th. 6-7). Mélanger la poudre de piment, la farine, le paprika, du sel et du poivre sur une assiette et en enrober les dés de tofu.

2 Chauffer l'huile dans une poêle, ajouter le tofu et le faire frire 3 à 4 minutes, jusqu'à ce qu'il soit doré. Retirer le tofu de la poêle, l'égoutter sur du papier absorbant et réserver.

3 Dans la poêle, ajouter l'oignon, l'ail et le poivron rouge, et les faire revenir 2 à 3 minutes, jusqu'à ce qu'ils soient juste tendres. Égoutter et réserver.

4 Couper l'avocat en deux, retirer la peau et le noyau, et couper la chair en lamelles. Enrober les lamelles de jus de citron et les mettre dans un grand bol.

5 Ajouter le tofu et le mélange à base d'oignon, puis incorporer délicatement les tomates et la moitié du fromage. Répartir un peu de garniture au centre de chaque tortilla, garnir d'un peu de crème aigre et rouler les tortillas.

6 Déposer les tortillas dans un plat peu profond en une seule couche.

7 Pour la sauce, mélanger tous les ingrédients. Napper les tortillas de sauce, les parsemer du fromage restant et les cuire 25 minutes au four préchauffé, jusqu'à ce que le fromage soit doré et bouillonnant.

8 Servir les tortillas immédiatement, garnies de piments verts jalapeño.

Pâtes all'arrabbiata

Pour 4 personnes

Ingrédients

- 150 ml de vin blanc sec
- 1 cuil. à soupe de purée
  de tomates séchées au soleil
- 2 piments rouges frais
- 2 gousses d'ail, finement hachées
- 350 g de tortiglionis secs
- 4 cuil. à soupe de persil plat frais
  haché
- sel et poivre
- copeaux de pecorino,
  en garniture

Sugocasa

- 5 cuil. à soupe d'huile d'olive
  vierge extra
- 450 g de tomates mûres,
  concassées
- sel et poivre

1 Pour la sugocasa, chauffer l'huile dans une poêle à feu vif jusqu'à ce qu'elle soit presque fumante. Ajouter les tomates et les cuire 2 à 3 minutes en remuant souvent. Cuire ensuite 20 minutes à feu doux, jusqu'à ce que les tomates soient très tendres. Saler et poivrer à volonté, puis presser la préparation dans un tamis non métallique à l'aide d'une cuillère en bois, et la verser dans une casserole.

2 Ajouter le vin, la purée de tomates séchées, les piments entiers et l'ail, puis porter à ébullition. Réduire le feu et laisser mijoter.

3 Pendant ce temps, porter une grande casserole d'eau légèrement salée à ébullition. Ajouter les pâtes, porter de nouveau à ébullition et cuire 8 à 10 minutes, jusqu'à ce que les pâtes soient *al dente*.

4 Retirer les piments et rectifier l'assaisonnement de la sauce. Pour une saveur plus relevée, hacher une partie des piments et les remettre dans la casserole. Rectifier de nouveau l'assaisonnement, puis incorporer la moitié du persil.

5 Égoutter les pâtes et les transférer dans un plat de service chaud, ajouter la sauce et bien mélanger. Parsemer du persil restant, garnir de copeaux de pecorino et servir immédiatement.

Aubergines farcies

Pour 4 personnes

Ingrédients

- 225 g de pennes sèches ou autres pâtes courtes
- 4 cuil. à soupe d'huile d'olive, un peu plus pour graisser
- 2 aubergines
- 1 gros oignon, haché
- 2 gousses d'ail, hachées
- 400 g de tomates concassées en boîte
- 2 cuil. à café d'origan séché
- 55 g de mozzarella, coupée en fines tranches
- 25 g de parmesan, râpé
- 5 cuil. à soupe de chapelure sèche
- sel et poivre

1 Préchauffer le four à 200 °C (th. 6-7). Porter une grande casserole d'eau salée à ébullition, ajouter les pâtes et 1 cuillerée à soupe d'huile, et porter de nouveau à ébullition. Cuire 8 à 10 minutes, jusqu'à ce que les pâtes soient *al dente*. Égoutter, remettre dans la casserole et réserver au chaud.

2 Couper les aubergines en deux dans la longueur, puis inciser la chair le long de la peau à l'aide d'un petit couteau tranchant en veillant à ne pas percer la peau. Prélever la chair à la petite cuillère. Badigeonner d'huile l'intérieur des coques d'aubergines ainsi obtenues. Hacher la chair et la réserver.

3 Chauffer l'huile restante dans une poêle, ajouter l'oignon et le faire revenir 5 minutes à feu doux, jusqu'à ce qu'il soit tendre. Ajouter l'ail et le faire revenir 1 minute. Ajouter la chair d'aubergine et la cuire 5 minutes en remuant souvent. Incorporer les tomates et l'origan, puis saler et poivrer à volonté. Porter à ébullition et laisser mijoter 10 minutes, jusqu'à épaississement. Retirer la poêle du feu et incorporer les pâtes.

4 Huiler une plaque de cuisson et y poser les coques d'aubergines en une seule couche. Répartir la moitié du mélange à base de pâte dans les coques, parsemer de mozzarella et ajouter le mélange restant. Mélanger le parmesan et la chapelure, et en parsemer les aubergines en pressant légèrement.

5 Cuire environ 25 minutes au four préchauffé, jusqu'à ce que la garniture soit dorée. Servir immédiatement.

Curry d'aubergine

Pour 2 personnes

Ingrédients

- 2 aubergines, coupées en cubes de 2 cm
- 2 cuil. à soupe d'huile d'arachide, un peu plus pour la friture
- 1 botte d'oignons verts, grossièrement hachée
- 2 gousses d'ail, hachées
- 2 poivrons rouges, épépinés et coupés en carrés de 2 cm
- 3 courgettes, coupées en rondelles épaisses
- 400 ml de lait de coco en boîte
- 2 cuil. à soupe de pâte de curry rouge thaïe
- 1 poignée de coriandre fraîche, hachée, plus quelques brins pour la garniture
- riz, en accompagnement

1 Chauffer de l'huile dans une friteuse jusqu'à ce qu'elle atteigne 180 à 190 °C – un dé de pain doit y dorer en 30 secondes. Ajouter les cubes d'aubergines et les faire frire 45 secondes à 1 minute, jusqu'à ce qu'ils soient croustillants et uniformément dorés. Les retirer de l'huile à l'aide d'une écumoire et les égoutter sur du papier absorbant. Procéder en plusieurs fournées.

2 Chauffer 2 cuillerées à soupe d'huile dans un wok ou une poêle, ajouter les oignons verts et l'ail, et les faire revenir 1 minute à feu moyen à vif. Ajouter les poivrons et les courgettes, et les faire revenir 2 à 3 minutes.

3 Ajouter le lait de coco et la pâte de curry, et porter à ébullition à feu doux en remuant de temps en temps. Ajouter les aubergines et la coriandre hachée, réduire le feu et laisser mijoter 2 à 3 minutes.

4 Servir immédiatement, accompagné de riz et garni de brins de coriandre.

Soupe de courgettes
au curry

Pour 2 personnes

Ingrédients
- 10 g de beurre
- 1 gros oignon, finement haché
- 900 g de courgettes, coupées en rondelles
- 450 ml de bouillon de légumes
- 1 cuil. à café de poudre de curry
- 125 ml de crème aigre, un peu plus pour servir
- sel et poivre

1 Faire fondre le beurre dans une grande casserole à feu moyen, ajouter l'oignon et le cuire 3 minutes, jusqu'à ce qu'il commence à s'attendrir.

2 Ajouter les courgettes, le bouillon et la poudre de curry, et saler à volonté. Porter la soupe à ébullition, réduire le feu et couvrir. Cuire 25 minutes à feu doux, jusqu'à ce que les légumes soient tendres.

3 Laisser tiédir. Filtrer en réservant le liquide, puis mixer les ingrédients solides dans un robot de cuisine et y incorporer le liquide réservé.

4 Reverser la soupe dans la casserole préalablement rincée et incorporer la crème aigre. Réchauffer à feu doux jusqu'à ce que la soupe soit chaude, sans laisser bouillir.

5 Rectifier l'assaisonnement. Verser la soupe dans des bols chauds, garnir d'une cuillerée de crème aigre et servir.

Risotto de courgettes

Pour 4 personnes

Ingrédients

- 1,5 l de bouillon de légumes
- 4 cuil. à soupe d'huile d'olive vierge extra au basilic, un peu plus pour arroser
- 4 courgettes, coupées en dés
- 1 poivron jaune, épépiné et coupé en dés
- 2 gousses d'ail, finement hachées
- 1 gros oignon, finement haché
- 400 g de riz pour risotto
- 4 cuil. à soupe de vin blanc sec
- 2 cuil. à soupe de beurre doux
- 1 poignée de basilic frais ciselé, un peu plus pour la garniture
- 85 g de parmesan, râpé
- sel et poivre

1 Porter le bouillon à ébullition, puis réduire le feu et laisser mijoter à feu doux pendant la cuisson du risotto.

2 Chauffer la moitié de l'huile dans une grande poêle à feu vif. Lorsque l'huile est très chaude (elle ne doit pas fumer), ajouter les courgettes et le poivron, et les faire revenir 3 minutes, jusqu'à ce qu'ils soient dorés. Incorporer l'ail et cuire encore 30 secondes. Transférer le tout sur une assiette et réserver.

3 Chauffer l'huile restante dans une casserole à feu moyen, ajouter l'oignon et le cuire 2 minutes en remuant de temps en temps, jusqu'à ce qu'il soit doré. Ajouter le riz et le cuire 2 minutes en remuant souvent, jusqu'à ce qu'il soit translucide, et bien enrobé d'huile.

4 Verser le vin dans la casserole. Il doit bouillir et s'évaporer presque immédiatement.

5 Ajouter progressivement le bouillon chaud sans cesser de remuer. Verser une louche à la fois, en attendant que le riz ait absorbé l'ajout précédent. Augmenter le feu de sorte que le bouillon soit à ébullition. L'opération prend 20 à 25 minutes. Tout le bouillon doit avoir été absorbé et le riz doit être crémeux.

6 Incorporer les courgettes et le poivron, le beurre, le basilic et le parmesan. Saler et poivrer à volonté. Servir immédiatement, arrosé d'huile et garni de basilic.

Salade d'été
aux rubans de courgettes

Pour 4 à 6 personnes

Ingrédients

- 2 courgettes vertes
- 2 courgettes jaunes
- 1 grande carotte
- 115 g de radis, finement émincés
- 4 à 6 oignons verts, hachés
- 2 à 3 cuil. à soupe de feuilles
  de basilic ciselées

Sauce

- 4 cuil. à soupe d'huile d'olive
  vierge extra
- 1 cuil. à soupe de jus de citron
  ou de vinaigre de vin blanc
- ½ à 1 cuil. à café de moutarde
  de Dijon
- 1 petite gousse d'ail, hachée
  (facultatif)
- sel et poivre

1 Pour la sauce, mettre l'huile, le jus de citron, la moutarde, l'ail, du sel et du poivre dans un bol et émulsionner le tout. Réserver.

2 À l'aide d'un couteau économe, couper les courgettes en longs rubans, en évitant les graines au centre (jeter le cœur des courgettes). Mettre les courgettes dans un saladier.

3 Répéter l'opération avec la carotte et les ajouter dans le saladier avec les radis, les oignons verts et le basilic. Mélanger délicatement.

4 Fouetter la sauce une dernière fois, la verser dans le saladier et mélanger. Servir immédiatement.

Courge farcie

Pour 4 personnes

Ingrédients

- 1 courge doubeurre
  de 450 g
- 1 oignon, haché
- 2 à 3 gousses d'ail, hachées
- 4 petites tomates, hachées
- 85 g de champignons de Paris,
  hachés
- 85 g de haricots blancs en boîte,
  égouttés, rincés et concassés
- 1 courgette d'environ 115 g,
  râpée
- 1 cuil. à soupe d'origan frais
  haché, un peu plus pour
  la garniture
- 2 cuil. à soupe de concentré
  de tomates
- 300 ml d'eau
- 4 oignons verts, hachés
- 1 cuil. à café de sauce au piment
- poivre

1 Préchauffer le four à 190 °C (th. 6-7). Piquer uniformément la courge à l'aide d'une brochette, puis la cuire 40 minutes au four préchauffé, jusqu'à ce qu'elle soit tendre. Sortir la courge du four et la laisser tiédir assez pour pouvoir la manipuler.

2 Couper la courge en deux dans la longueur, puis ôter les graines et prélever la chair en laissant 1 cm d'épaisseur sur la peau. Hacher la chair et la mettre dans un bol. Déposer les coques de courge côte à côte dans un plat à gratin.

3 Ajouter l'oignon, l'ail, les tomates et les champignons dans le bol et mélanger. Incorporer les haricots blancs, la courgette, l'origan et du poivre. Répartir le mélange dans les coques de courge en pressant le plus possible.

4 Mélanger le concentré de tomates et l'eau, ajouter les oignons verts et la sauce au piment, puis verser le tout sur les demi-courges.

5 Couvrir avec une grande feuille de papier d'aluminium et cuire 30 minutes au four préchauffé, jusqu'à ce que la garniture soit très chaude. Servir garni d'origan.

Pennes en sauce à la citrouille

Pour 4 personnes

Ingrédients
- 55 g de beurre doux
- 115 g d'oignons blancs ou d'échalotes, très finement hachés
- 800 g de citrouille
- noix muscade fraîchement râpée
- 350 g de pennes sèches
- 200 ml de crème fraîche liquide
- 4 cuil. à soupe de parmesan râpé
- 2 cuil. à soupe de persil plat frais haché
- sel et poivre

1 Faire fondre le beurre à feu doux dans une casserole à fond épais, ajouter les oignons et les saupoudrer de sel, puis couvrir et cuire 25 à 30 minutes en remuant souvent.

2 Épépiner la citrouille, la peler et hacher finement la chair. Ajouter la chair dans la casserole et incorporer de la noix muscade à volonté. Couvrir et cuire 45 minutes à feu doux en remuant souvent.

3 Pendant ce temps, porter une grande casserole d'eau salée à ébullition, ajouter les pâtes et porter de nouveau à ébullition. Cuire 8 à 10 minutes, jusqu'à ce que les pâtes soient al dente. Bien égoutter en réservant 150 ml d'eau de cuisson.

4 Incorporer la crème fraîche, le fromage et le persil à la sauce à la citrouille, puis saler et poivrer à volonté. Si la sauce est trop épaisse, ajouter une partie ou la totalité de l'eau de cuisson réservée. Ajouter les pâtes, mélanger et servir immédiatement.

Risotto de citrouille
aux châtaignes

Pour 4 personnes

Ingrédients

- 1 litre de bouillon de légumes
- 1 cuil. à soupe d'huile d'olive
- 40 g de beurre
- 1 petit oignon, finement haché
- 225 g de citrouille, coupée en dés
- 225 g de châtaignes, cuites et décortiquées
- 280 g de riz pour risotto
- 150 ml de vin blanc sec
- 1 cuil. à café de pistils de safran pilés (facultatif)
- 85 g de parmesan, râpé, un peu plus pour servir
- sel et poivre

1 Porter le bouillon à ébullition, puis réduire le feu et laisser mijoter à feu doux pendant la cuisson du risotto.

2 Faire fondre 25 g de beurre avec l'huile dans une casserole à feu moyen, ajouter l'oignon et la citrouille, et les cuire 5 minutes en remuant souvent, jusqu'à ce que l'oignon soit tendre et commence à dorer, et que la citrouille se colore. Concasser les châtaignes, les ajouter dans la casserole et mélanger.

3 Réduire le feu, ajouter le riz et remuer de sorte qu'il soit bien enrobé d'huile et de beurre. Cuire 2 à 3 minutes en remuant souvent, jusqu'à ce que les grains de riz soient translucides. Mouiller avec le vin et cuire 1 minute sans cesser de remuer, jusqu'à ce qu'il ait réduit. Dissoudre le safran dans 4 cuillerées à soupe de bouillon, puis verser ce mélange dans la casserole après que le vin se soit évaporé. Cuire sans cesser de remuer jusqu'à ce que le liquide soit absorbé.

4 Ajouter progressivement le bouillon chaud sans cesser de remuer. Verser une louche à la fois, en attendant que le riz ait absorbé l'ajout précédent. Augmenter le feu de sorte que le bouillon soit à ébullition. L'opération prend 20 à 25 minutes. Tout le bouillon doit avoir été absorbé et le riz doit être crémeux.

5 Retirer le risotto du feu et incorporer le beurre restant. Ajouter le parmesan et remuer jusqu'à ce qu'il ait fondu. Rectifier l'assaisonnement. Dresser le risotto dans des assiettes chaudes et servir immédiatement, saupoudré de parmesan râpé.

Chapitre 2
Pousses, tiges, racines et tubercules

Guide des pousses, tiges, racines et tubercules

Les légumes de ce groupe poussent soit sous terre, soit à la surface. Tous ces légumes forment la base de quantité de plats allant d'entrées et de salades d'été à des soupes et des ragoûts consistants.

Artichauts

Le célèbre artichaut a une saveur délicieuse et il est très amusant à manger : faire simplement bouillir les têtes, retirer le cœur, puis détacher chaque feuille et la plonger dans un beurre aillé, une mayonnaise ou une vinaigrette. La partie la plus goûteuse est la base charnue, sous les feuilles. La découper et la manger au couteau et à la fourchette.

Asperges

Il existe trois types d'asperges : les blanches, les violettes et les vertes. La variété blanche, épaisse, se récolte tôt, dès que les tiges commencent à émerger de terre ; les violettes et les vertes restent plus longtemps en terre et sont plus longues. La violette a plus de goût que la blanche, et la verte a la saveur la plus prononcée. Couper l'extrémité boisée qui ne se mange pas avant de cuire rapidement les asperges à la vapeur, à l'eau, sur une plaque en fonte ou de les rôtir.

Carottes et betteraves

Lorsque vous achetez des carottes et des betteraves, sachez que les plus petites sont les meilleures. Betteraves et carottes crues peuvent être râpées en salade ou utilisées pour des assaisonnements. Les faire griller intensifie leur saveur sucrée, et l'une comme l'autre conviennent aux soupes.

Céleri

Le céleri apporte une texture croquante aux salades et est également une bonne base pour les soupes et les ragoûts. Le céleri vert est disponible toute l'année, alors que le blanc ne l'est qu'en hiver. Choisissez des tiges très fermes et rigides, mais n'oubliez pas les feuilles à la saveur piquante qui peuvent être ajoutées à des bouillons. Les cœurs de céleri peuvent aussi être braisés.

Céleri-rave

Le céleri-rave est une racine noueuse dont la saveur rappelle le céleri. Vous pouvez le râper pour en faire des salades, le cuire à la vapeur, le rôtir ou le déguster en purée.

Fenouil

Le fenouil a une saveur légèrement anisée, plus marquée quand il est consommé cru — finement émincé dans une salade par exemple. Rôtir le fenouil (en quartiers) adoucit cette saveur et confère une délicieuse douceur. Le fenouil se marie très bien aux saveurs méditerranéennes, comme les tomates, l'huile d'olive, l'ail et le basilic.

Patates douces

Ces tubercules en forme de torpille ont une chair orange ou blanche (la première est plus riche en bêta-carotène). Cuite, la variété à chair blanche a une texture plus sèche. Quelle que soit la variété, les patates douces sont délicieuses rôties, en purée ou cuites au four.

Pommes de terre

Il existe des centaines de variétés de pommes de terre avec des textures différentes, qui se prêtent à des méthodes de cuisson particulières. Les pommes de terre fermes sont parfaites pour la cuisson à l'eau ou en salade, alors qu'il est préférable de rôtir, cuire au four ou réduire en purée les variétés farineuses.

Radis

La variété la plus connue est la petite à chair rouge, mais il en existe d'autres dont le gros radis noir et le radis blanc à la saveur plus douce, le daïkon. Avec leur chair croquante et piquante, les radis sont délicieux en salade, assaisonnés de gros sel ou croqués nature comme en-cas.

Topinambour

Ces petits tubercules noueux ont un léger goût de noisette et sont délicieux rôtis, frits ou transformés en soupe. Il vaut mieux frotter la peau du topinambour que l'éplucher avant de le consommer.

Asperges au beurre citronné

Pour 4 personnes

Ingrédients

- 800 g de pointes d'asperges, parées
- 1 cuil. à soupe d'huile d'olive
- sel et poivre

Sauce

- jus d'un demi-citron
- 2 cuil. à soupe d'eau
- 100 g de beurre, coupé en dés
- sel et poivre

1 Préchauffer le four à 200 °C (th. 6-7).

2 Étaler les pointes d'asperges sur une plaque de four, les arroser d'huile, saler et poivrer. Cuire 10 minutes au four préchauffé, jusqu'à ce que les pointes d'asperges soient juste tendres.

3 Pendant ce temps, préparer la sauce. Verser le jus de citron dans une casserole et ajouter l'eau. Chauffer 1 minute, puis incorporer progressivement le beurre sans cesser de remuer. Saler et poivrer, et servir immédiatement avec les asperges.

Risotto d'asperges
aux tomates confites

Pour 4 personnes

Ingrédients

- 1 litre de bouillon de légumes
- 1 cuil. à soupe d'huile d'olive
- 40 g de beurre
- 1 petit oignon, finement haché
- 6 tomates séchées au soleil, finement émincées
- 280 g de riz pour risotto
- 150 ml de vin blanc sec
- 225 g de pointes d'asperges fraîches cuites
- 85 g de parmesan râpé, un peu plus pour la garniture
- sel et poivre
- zeste de citron râpé, en garniture

1 Porter le bouillon à ébullition, puis réduire le feu et laisser mijoter à feu doux pendant la cuisson du risotto.

2 Faire fondre 25 g de beurre avec l'huile dans une casserole à feu moyen.

3 Ajouter l'oignon et les tomates séchées, et cuire 5 minutes en remuant de temps en temps, jusqu'à ce que l'oignon soit tendre et commence à dorer. Ne pas laisser brunir.

4 Réduire le feu, ajouter le riz et mélanger de façon à bien l'enrober de beurre. Cuire 2 à 3 minute sans cesser de remuer, jusqu'à ce que les grains soient translucides. Mouiller avec le vin et cuire sans cesser de remuer jusqu'à ce qu'il ait réduit.

5 Ajouter progressivement le bouillon chaud sans cesser de remuer. Verser une louche à la fois, en attendant que le riz ait absorbé l'ajout précédent. Augmenter le feu de sorte que le bouillon soit à ébullition. L'opération prend 20 à 25 minutes. Tout le bouillon doit avoir été absorbé et le riz doit être crémeux.

6 Pendant la cuisson du risotto, réserver quelques asperges entières, puis couper les asperges restantes en tronçons de 2,5 cm et les incorporer au risotto 5 minutes avant la fin du temps de cuisson.

7 Retirer le risotto du feu et incorporer le beurre restant. Ajouter le parmesan et remuer jusqu'à ce qu'il ait fondu. Saler et poivrer à volonté. Dresser le risotto dans des assiettes chaudes, garnir d'asperges entières et parsemer de zeste de citron et de parmesan. Servir immédiatement.

Gratin de céleri à la crème

Pour 4 personnes

Ingrédients

- 1 branche de céleri
- ½ cuil. à café de cumin en poudre
- ½ cuil. à café de coriandre en poudre
- 1 gousse d'ail, hachée
- 1 oignon rouge, émincé
- 50 g de noix de pécan, coupées en deux
- 150 ml de bouillon de légumes
- 150 ml de crème fraîche liquide
- 50 g de chapelure brune fraîche
- 25 g de parmesan, râpé
- sel et poivre

1 Préchauffer le four à 200 °C (th. 6-7). Parer le céleri et le détailler en allumettes. Mettre le céleri dans une cocotte avec le cumin, la coriandre, l'ail, l'oignon et les noix de pécan.

2 Mélanger le bouillon et la crème fraîche, et les verser sur les légumes. Saler et poivrer à volonté. Mélanger la chapelure et le parmesan, et en parsemer les légumes.

3 Cuire 40 minutes au four préchauffé, jusqu'à ce que les légumes soient tendres et la garniture croustillante. Servir immédiatement.

Artichauts
et leur sauce à la ciboulette

Pour 4 personnes

Ingrédients

- 4 artichauts
- 1 citron, coupé en deux
- 2 œufs
- 2 jaunes d'œufs
- ¼ de cuil. à café de moutarde en poudre
- 225 ml d'huile de tournesol
- 4 cuil. à soupe de ciboulette fraîche hachée, plus quelques brins pour la garniture
- sel et poivre

1 À l'aide de ciseaux très tranchants, ôter les pieds et les feuilles externes des artichauts. Frotter les surfaces coupées avec un demi-citron de sorte qu'elles ne noircissent pas. Égaliser les pointes avec les ciseaux et les enduire de jus de citron. Mettre les artichauts dans un bol d'eau additionné du demi-citron. Réserver l'autre demi-citron.

2 Porter une casserole d'eau à ébullition, ajouter les artichauts et les maintenir immergés dans l'eau en déposant une assiette dessus. Porter de nouveau à ébullition, laisser bouillir 30 à 40 minutes. Égoutter et laisser refroidir têtes en bas sur une assiette.

3 Pendant ce temps, mettre les œufs entiers dans une petite casserole et les couvrir d'eau froide. Porter à ébullition et laisser bouillir 5 minutes. Égoutter les œufs et les laisser refroidir, puis les décortiquer et les couper en deux dans la hauteur. Prélever les jaunes des blancs et les mettre dans un bol avec les jaunes crus.

4 Battre les jaunes cuits et crus 1 minute, jusqu'à obtention d'une pâte lisse et collante. Incorporer la moutarde en poudre, 1 pincée de sel et 1 cuillerée à café de jus du demi-citron réservé. Ajouter l'huile, goutte à goutte en battant bien après chaque ajout jusqu'à ce que la mayonnaise commence à prendre, puis la verser en mince filet continu sans cesser de battre. Fluidifier avec un peu de jus de citron supplémentaire, saler et poivrer. Ajouter davantage de jus de citron si nécessaire, puis incorporer la ciboulette.

5 Retirer le foin des artichauts à l'aide d'une petite cuillère. Pour servir, dresser les artichauts et la mayonnaise sur des assiettes, et garnir de brins de ciboulette.

Velouté de topinambour

Pour 4 à 6 personnes

Ingrédients
- 55 g de beurre
- 2 oignons, hachés
- 675 g de topinambours,
  pelés et émincés
- 850 ml de bouillon de légumes
- 300 ml de lait
- sel et poivre

Croûtons
- 2 tranches de pain blanc
  de la veille, sans la croûte
- 4 cuil. à soupe d'huile végétale

1 Pour les croûtons, couper le pain en dés de 1 cm. Chauffer l'huile dans une poêle, ajouter les dés de pain en une seule couche et les faire griller en remuant de temps en temps, jusqu'à ce qu'ils soient dorés et croustillants. Les égoutter sur du papier absorbant.

2 Faire fondre le beurre dans une grande casserole à feu moyen, ajouter les oignons et les cuire jusqu'à ce qu'ils soient tendres.

3 Ajouter les topinambours, couvrir et cuire 10 minutes à feu doux. Mouiller avec le bouillon, réduire le feu et couvrir, puis laisser mijoter 20 minutes.

4 Retirer la casserole du feu et mixer le tout à l'aide d'un mixeur plongeant ou dans un robot de cuisine. Incorporer le lait, puis saler et poivrer à volonté.

5 Réchauffer la soupe, la répartir dans des bols chauds et la servir avec les croûtons.

Beignets de fenouil
et mayonnaise pimentée

Pour 6 personnes

Ingrédients
- 3 bulbes de fenouil, parés
- 100 g de chapelure blanche
- 100 g de parmesan, finement râpé
- 2 cuil. à café de graines de fenouil (facultatif)
- 1 œuf, battu
- huile de tournesol, pour la friture
- sel et poivre
- quartiers de citron, en accompagnement

Mayonnaise pimentée
- 2 poivrons rouges
- 1 œuf
- 1 cuil. à café de moutarde de Dijon
- 2 à 3 cuil. à soupe de vinaigre de vin blanc
- 1 pincée de sel
- 300 ml d'huile de tournesol
- 2 piments rouges frais, épépinés et hachés
- poivre

1 Pour la mayonnaise, passer les poivrons 8 à 10 minutes sur la flamme du gaz en les tenant avec des pinces et en les retournant souvent jusqu'à ce qu'ils aient totalement noirci. Il est également possible de mettre les poivrons sur une plaque et de les cuire 10 à 15 minutes au four préchauffé à 220 °C (th. 7-8) en les retournant souvent, jusqu'à ce qu'ils aient noirci uniformément.

2 Mettre les poivrons dans un sac en plastique, fermer et laisser refroidir. Peler ensuite les poivrons et les épépiner.

3 Mettre l'œuf, la moutarde, le vinaigre et le sel dans un robot de cuisine et mixer. Moteur en marche, verser un tiers de l'huile très lentement. Dès que la mayonnaise commence à prendre, verser l'huile plus rapidement. Ajouter les piments et les poivrons grillés, et bien mixer. Poivrer à volonté, couvrir et réserver au réfrigérateur.

4 Cuire le fenouil 15 minutes à l'eau bouillante salée, jusqu'à ce qu'il soit presque tendre – le temps de cuisson exact dépendra de la taille des bulbes. Égoutter et laisser refroidir, puis couper délicatement en tranches.

5 Mélanger la chapelure et le parmesan, et ajouter les graines de fenouil, puis saler et poivrer. Étaler le mélange sur une assiette. Verser l'œuf battu dans une assiette à soupe. Passer les tranches de fenouil dans l'œuf battu, puis dans le mélange à base de chapelure en pressant fermement de chaque côté.

6 Verser 1 cm d'huile dans une poêle et chauffer à feu moyen. Ajouter les tranches de fenouil et les cuire jusqu'à ce qu'elles soient dorées en les retournant une fois. Les égoutter sur du papier absorbant et les servir immédiatement, accompagnées de mayonnaise pimentée et de quartiers de citron.

Gratin de pommes de terre
au fenouil

Pour 6 personnes

Ingrédients

- 1 kg de pommes de terre
- 2 à 3 bulbes de fenouil
- 4 cuil. à soupe d'huile d'olive
- 1 oignon, finement haché
- 2 gousses d'ail, hachées
- 4 feuilles de sauge fraîche
- 150 ml de vin blanc sec
- sel et poivre

1 Préchauffer le four à 200 °C (th. 6-7). Peler les pommes de terre et les couper en fines rondelles. Parer le fenouil et l'émincer finement.

2 Enduire un grand plat à gratin avec la moitié de l'huile. Répartir la moitié des pommes de terre dans le plat, saler et poivrer. Ajouter la moitié des oignons et de l'ail, et couvrir avec le fenouil. Ajouter les oignons et l'ail restants, puis saler et poivrer à nouveau. Enfoncer des feuilles de sauge dans les légumes, puis terminer par une couche nette de pommes de terre. Saler et poivrer une dernière fois.

3 Verser le vin sur le tout, arroser avec l'huile restante et couvrir de papier d'aluminium. Cuire 30 minutes au four préchauffé.

4 Retirer le papier d'aluminium et cuire encore 20 à 30 minutes, jusqu'à ce que les pommes de terre soient dorées et croustillantes.

Salade de betteraves

Pour 4 à 6 personnes

Ingrédients

- 900 g de betteraves crues
- 4 cuil. à soupe d'huile d'olive vierge extra
- 1½ cuil. à soupe de vinaigre de vin
- 2 gousses d'ail, finement hachées
- 2 oignons verts, très finement hachés
- sel

1 Ôter délicatement les racines des betteraves sans inciser la peau et couper les tiges pour ne laisser que 2,5 cm. Frotter doucement les betteraves sous l'eau courante, sans abîmer la peau, de façon à retirer les éventuelles saletés.

2 Mettre les betteraves dans une casserole, les couvrir d'eau et porter à ébullition. Couvrir, réduire légèrement le feu et cuire 25 à 40 minutes, selon la taille des betteraves, jusqu'à ce que les plus grosses se percent facilement de la pointe d'un couteau.

3 Pendant ce temps, mettre l'huile, l'ail, le vinaigre, les oignons verts et du sel dans un shaker. Émulsionner le tout et réserver.

4 Égoutter les betteraves et les rincer à l'eau froide jusqu'à ce qu'elles soient assez tièdes pour être manipulées. Peler les betteraves, les couper en cubes ou en rondelles, et les mettre dans un saladier. Arroser de sauce, couvrir et laisser mariner au moins 1 heure au réfrigérateur.

5 Remuer délicatement la salade avant de servir.

Bortsch

Pour 6 personnes

Ingrédients
- 1 oignon
- 55 g de beurre
- 350 g de betteraves crues, coupées en fins bâtonnets, et 1 betterave crue, râpée
- 1 carotte, coupée en fins bâtonnets
- 3 branches de céleri, finement émincées
- 2 tomates, mondées, épépinées et hachées
- 1,4 l de bouillon de légumes
- 1 cuil. à soupe de vinaigre de vin blanc
- 1 cuil. à soupe de sucre
- 2 cuil. à soupe d'aneth frais haché
- 115 g de chou blanc, ciselé
- 150 ml de crème aigre
- sel et poivre
- pain frais, en accompagnement

1 Couper l'oignon en anneaux. Faire fondre le beurre dans une grande casserole à fond épais, ajouter l'oignon et le cuire 3 à 5 minutes à feu doux en remuant de temps en temps, jusqu'à ce qu'il soit doré. Ajouter les bâtonnets de betteraves et de carottes, le céleri et les tomates, et cuire 4 à 5 minutes en remuant souvent.

2 Ajouter le bouillon, le vinaigre, le sucre et 1 cuillerée à soupe d'aneth. Saler et poivrer à volonté. Porter à ébullition, réduire le feu et laisser mijoter 35 à 40 minutes, jusqu'à ce que les légumes soient tendres.

3 Incorporer le chou, couvrir et laisser mijoter 10 minutes. Incorporer la betterave râpée avec son jus, et cuire encore 10 minutes. Répartir le bortsch dans des bols chauds, garnir de crème aigre et parsemer avec l'aneth restant. Servir accompagné de pain frais.

Raviolis de patates douces
et leur beurre à la sauge

Pour 4 personnes

Ingrédients
- 400 g de farine de blé dur
- 4 œufs, battus
- semoule fine, pour saupoudrer
- sel

Garniture
- 500 g de patates douces
- 3 cuil. à soupe d'huile d'olive
- 1 gros oignon, finement haché
- 1 gousse d'ail, hachée
- 1 cuil. à café de thym frais haché
- 2 cuil. à soupe de miel liquide
- sel et poivre

Beurre à la sauge
- 50 g de beurre
- 1 botte de feuilles de sauge fraîche finement hachée, plus quelques feuilles pour la garniture

1 Pour la pâte, tamiser la farine et le sel dans un bol ou un robot de cuisine, ajouter les œufs et amalgamer le tout pour obtenir une pâte souple qui ne colle pas. Sur un plan de travail légèrement saupoudré de semoule, pétrir la pâte 4 à 5 minutes, jusqu'à ce qu'elle soit lisse. Couvrir de film alimentaire et mettre 30 minutes au réfrigérateur.

2 Pour la garniture, peler les patates douces et les couper en morceaux. Les cuire 20 minutes à l'eau bouillante, jusqu'à ce qu'elles soient tendres. Les égoutter et les réduire en purée.

3 Chauffer l'huile dans une poêle à feu moyen, ajouter l'oignon et le cuire 4 à 5 minutes en remuant souvent, jusqu'à ce qu'il soit tendre sans avoir doré. Incorporer l'oignon, l'ail et le thym à la purée de patates douces. Ajouter le miel, puis saler et poivrer à volonté. Réserver.

4 Abaisser la pâte de sorte qu'elle ait 1 mm d'épaisseur dans une machine à pâtes (ou utiliser un rouleau à pâtisserie sur un plan de travail saupoudré de semoule).

5 Couper la pâte en deux. Déposer des cuillerées à café de garniture à intervalle régulier sur la moitié de la pâte. Enduire les interstices d'un peu d'eau et couvrir le tout avec la seconde moitié de pâte. Presser légèrement autour des cuillerées de garniture et découper des carrés à l'aide d'un couteau tranchant ou d'une roulette crantée. Étaler les raviolis sur du papier sulfurisé saupoudré de semoule fine.

6 Porter une grande casserole d'eau salée à ébullition et y plonger les raviolis. Cuire les raviolis 2 à 3 minutes, jusqu'à ce qu'ils remontent à la surface et qu'ils soient *al dente*.

7 Pendant ce temps, pour le beurre à la sauge, faire fondre le beurre avec la sauge hachée dans une petite casserole à feu doux.

8 Égoutter les raviolis et les enrober immédiatement de beurre à la sauge. Servir sans attendre, garni de feuilles de sauge fraîche.

Pommes de terre rôties
aux échalotes et au romarin

Pour 4 personnes

Ingrédients
- 1 kg de petites pommes de terre
- 6 cuil. à soupe d'huile d'olive
- 2 brins de romarin frais
- 150 g de petites échalotes
- 2 gousses d'ail, hachées
- sel et poivre

1 Préchauffer le four à 200 °C (th. 6-7). Peler et couper chaque pomme de terre en 8 quartiers épais. Mettre les pommes de terre dans une grande casserole d'eau salée et porter à ébullition. Réduire le feu et laisser mijoter 5 minutes.

2 Chauffer l'huile dans un grand plat à rôti sur le feu. Bien égoutter les pommes de terre et les ajouter dans le plat. Effeuiller le romarin, hacher finement les feuilles et les ajouter aux pommes de terre.

3 Cuire les pommes de terre 35 minutes au four préchauffé, en remuant deux fois en cours de cuisson. Ajouter les échalotes et l'ail, et cuire encore 15 minutes, jusqu'à ce que le tout soit doré. Saler et poivrer à volonté.

4 Transférer les pommes de terre dans un grand plat de service chaud et servir immédiatement.

Colcannon

Pour 3 à 4 personnes

Ingrédients
- 225 g de chou vert ou blanc
- 6 oignons verts, coupés
  en rondelles de 5 mm
- sel et poivre

Purée de pommes de terre
- 450 g de pommes de terre
  farineuses, coupées en cubes
- 55 g de beurre
- 150 ml de crème fraîche
  liquide
- sel et poivre

1 Pour la purée, cuire les pommes de terre 15 à 20 minutes à l'eau bouillante salée, puis les égoutter et les réduire en purée à l'aide d'une fourchette. Saler et poivrer à volonté et incorporer le beurre et la crème fraîche. Les pommes de terre doivent être très tendres.

2 Pendant ce temps, couper le chou en quartiers, retirer le cœur et ciseler les feuilles finement.

3 Cuire le chou 1 à 2 minutes à l'eau bouillante salée, jusqu'à ce qu'il soit tendre, puis bien l'égoutter.

4 Mélanger le chou et les pommes de terre, et incorporer les oignons verts. Saler et poivrer, et servir immédiatement.

Galettes de pommes de terre
et condiment à la tomate

Pour 8 personnes

Ingrédients

- 55 g de farine complète
- ½ cuil. à café de coriandre en poudre
- ½ cuil. à café de graines de cumin
- ¼ de cuil. à café de poudre de piment
- ½ cuil. à café de curcuma
- ¼ de cuil. à café de sel
- 1 œuf, battu
- 3 cuil. à soupe de lait
- 350 g de pommes de terre
- 1 ou 2 gousses d'ail, hachées
- 4 oignons verts, hachés
- 55 g de grains de maïs
- huile végétale, pour la friture

Condiment à la tomate

- 1 oignon
- 225 g de tomates
- 2 cuil. à soupe de coriandre fraîche hachée
- 2 cuil. à soupe de menthe fraîche hachée
- 2 cuil. à soupe de jus de citron
- ½ cuil. à café de graines de cumin grillées
- ¼ de cuil. à café de sel
- 1 pincée de piment de Cayenne

1 Pour préparer le condiment, couper l'oignon et les tomates en dés et les mettre dans un bol avec les ingrédients restants. Mélanger et laisser reposer au moins 15 minutes avant de servir, de sorte que les arômes puissent se développer.

2 Mettre la farine dans un bol, ajouter les épices et le sel, et creuser un puits au centre. Verser l'œuf et le lait dans le puits et mélanger jusqu'à obtention d'une pâte assez épaisse.

3 Râper grossièrement les pommes de terre, les mettre dans une passoire et les rincer à l'eau courante. Bien les égoutter et les presser de façon à exprimer l'excédent d'eau. Les incorporer à la pâte avec l'ail, les oignons verts et le maïs, et bien mélanger.

4 Chauffer environ 5 mm d'huile dans le fond d'une poêle et y déposer quelques cuillerées à soupe de pâte en les aplatissant de façon à obtenir des galettes fines. Faire frire 2 à 3 minutes à feu doux en remuant souvent, jusqu'à ce que les galettes soient dorées et cuites à cœur.

5 Égoutter les galettes sur du papier absorbant et les réserver au chaud pendant la cuisson des galettes restantes. Servir chaud, accompagné de condiment à la tomate.

Soupe de céleri-rave
et ses gressins au fromage

Pour 4 personnes

Ingrédients

- 3 cuil. à soupe d'huile d'olive
- 1 oignon, haché
- 1 céleri-rave, pelé et coupé
  en morceaux
- 1 l de bouillon de légumes
- 1 petite botte de thym frais,
  hachée, plus quelques brins
  pour la garniture
- sel et poivre

Gressin au fromage

- beurre, pour graisser
- 375 g de pâte feuilletée,
  décongelée si elle est surgelée
- farine, pour saupoudrer
- 1 œuf, battu
- 100 g de parmesan, finement
  râpé
- poivre

1 Chauffer l'huile dans une grande casserole à feu moyen, ajouter l'oignon et le cuire 4 à 5 minutes en remuant souvent, jusqu'à ce qu'il soit tendre sans être coloré. Ajouter le céleri-rave et le cuire 3 à 4 minutes en remuant souvent. Mouiller avec le bouillon, ajouter le thym et laisser mijoter 25 minutes, jusqu'à ce que le céleri-rave soit tendre.

2 Pendant ce temps, préchauffer le four à 200 °C (th. 6-7). Beurrer légèrement deux plaques de four.

3 Pour les gressins, abaisser la pâte sur un plan de travail légèrement fariné. Enduire la pâte avec la moitié de l'œuf battu et la saupoudrer de la moitié du parmesan, puis poivrer. Plier la pâte en deux. Enduire avec l'œuf restant, saupoudrer avec le parmesan restant et poivrer de nouveau. Couper la pâte en lanières de 1 cm de largeur et torsader délicatement les lanières de façon à obtenir des spirales.

4 Déposer les torsades sur les plaques de four et les cuire 5 minutes au four préchauffé, jusqu'à ce qu'elles soient dorées et croustillantes.

5 Transférer le contenu de la casserole dans un robot de cuisine et le réduire en soupe homogène. Procéder en plusieurs fournées. Il est également possible de passer la soupe directement dans la casserole à l'aide d'un mixeur plongeant. Réchauffer la soupe à feu doux, puis saler et poivrer.

6 Répartir la soupe dans des bols chauds et la garnir de brins de thym. Servir accompagné des gressins au fromage.

Sauté de carottes à l'orange

Pour 4 personnes

Ingrédients

- 2 cuil. à soupe d'huile de tournesol
- 450 g de carottes, râpées
- 225 g de poireaux, ciselés
- 2 oranges, pelées et coupées en quartiers
- 2 cuil. à soupe de ketchup
- 1 cuil. à soupe de sucre roux
- 2 cuil. à soupe de sauce de soja claire
- 100 g de cacahuètes, hachées

1 Chauffer l'huile dans un grand wok, ajouter les carottes et les poireaux, et les faire sauter 2 à 3 minutes, jusqu'à ce qu'ils soient juste tendres.

2 Ajouter les oranges et les réchauffer à feu doux, en veillant à ne pas briser les segments en remuant.

3 Mélanger le ketchup, le sucre et la sauce de soja dans un bol.

4 Ajouter le mélange dans le wok et faire revenir encore 2 minutes.

5 Dresser le sauté dans des bols chauds, garnir de cacahuètes hachées et servir immédiatement.

Tarte tatin à la carotte

Pour 4 personnes

Ingrédients
- 600 g de jeunes carottes, coupées en cubes de 2,5 cm
- 2 cuil. à soupe de miel liquide
- 50 g de beurre
- 1 petite botte de thym frais, hachée
- 350 g de pâte feuilletée
- farine, pour saupoudrer
- sel et poivre

1 Préchauffer le four à 200 °C (th. 6-7).

2 Cuire les carottes 10 à 15 minutes à l'eau bouillante, jusqu'à ce qu'elles soient juste tendres, et les égoutter. Mélanger les carottes, le miel, le beurre et le thym, puis saler et poivrer à volonté. Répartir le tout dans un moule de 3 cm d'épaisseur et de 20 cm de diamètre. Enfourner 15 minutes, jusqu'à ce que les carottes soient caramélisées.

3 Sur un plan de travail fariné, abaisser la pâte en un rond de 24 cm de diamètre. Déposer délicatement la pâte sur les carottes et rentrer les bords entre le fond du moule et les carottes. Cuire encore 15 minutes au four préchauffé, jusqu'à ce que la pâte ait doré et soit gonflée.

4 Démouler sur une assiette et servir immédiatement.

Légumes racines rôtis

Pour 4 à 6 personnes

Ingrédients

- 3 panais, coupés en cubes
  de 5 cm
- 4 petits navets, coupés
  en quartiers
- 3 carottes, coupées en cubes
  de 5 cm
- 450 g de courge doubeurre,
  pelée et coupée en cubes
  de 5 cm
- 450 g de patates douces, pelées
  et coupées en cubes de 5 cm
- 2 gousses d'ail, finement hachées
- 2 cuil. à soupe de romarin frais
  haché
- 2 cuil. à soupe de thym frais
  haché
- 2 cuil. à café de sauge fraîche
  hachée
- 3 cuil. à soupe d'huile d'olive
- sel et poivre
- 2 cuil. à soupe d'un mélange
  de fines herbes fraîches, persil,
  thym et menthe par exemple,
  pour la garniture

1 Préchauffer le four à 220 °C
(th. 7-8).

2 Répartir les légumes en une seule
couche dans un grand plat à gratin
et parsemer d'ail, de romarin, de thym
et de sauge. Arroser d'huile, saler et poivrer.

3 Bien mélanger tous les ingrédients
de sorte qu'ils soient enrobés d'huile
(laisser éventuellement mariner pour que
les saveurs se développent).

4 Cuire 50 à 60 minutes en haut du four
préchauffé, jusqu'à ce que les légumes
soient cuits et joliment dorés. Remuer
à mi-cuisson. Servir immédiatement, garni
d'un mélange de fines herbes fraîches.

Chapitre 3
Choux et salades

Guide des choux et salades

Ce groupe comprend les légumes-feuilles, comme les épinards et le chou vert, ainsi que le chou plus exotique, le pak-choï. Il y a aussi le chou blanc et les choux de Bruxelles, des légumes-fleurs, comme le brocoli et le chou-fleur, et un éventail goûteux de salades.

Bettes et cardons

La bette a des feuilles vert foncé frisées et une large tige blanche, jaune, rose ou rouge. La tige est plus longue à cuire que les feuilles, et il vaut mieux l'émincer et la cuire un peu avant d'ajouter les feuilles. Le cardon est similaire à la bette, mais avec des tiges plus fines et une saveur plus douce.

Brocoli

Il existe deux types de brocolis : le type à jets verts et le type à pomme. Le brocoli à jets verts a des tiges longues et feuillues et de petites inflorescences violettes ou crème. Le brocoli à pomme a une tête large, très serrée, divisée en bouquets, et une épaisse tige centrale. Finement émincée, la tige peut être cuite à la vapeur avec les bouquets ou servie crue.

Chicorées

Il existe deux grands types de chicorée : la scarole, à grandes feuilles plissées, et la chicorée frisée, aux feuilles frisottées. Leur saveur légère est très légèrement amère.

Chou

Lorsqu'il est légèrement cuit ou servi en salade, le chou est délicieux. Les différentes variétés vont du chou frisé de Milan aux feuilles dentelées, idéal pour être farci, aux variétés lisses et fermes, blanches et rouges. Le chou chinois a une saveur plus délicate et convient mieux aux salades ou aux poêlées.

Chou-fleur

Il existe plusieurs variétés de chou-fleur, allant du blanc au vert pâle et au pourpre. Le chou-fleur se cuisine comme le brocoli. Il a une saveur discrète, rehaussée par des sauces crémeuses ou du fromage fondu. Il est également bon en curry.

Choux de Bruxelles

Les choux de Bruxelles ressemblent à des choux miniatures et ont un fort goût de noisette. Ils sont plus savoureux s'ils sont cuits très légèrement, soit à la vapeur soit poêlés.

Choux verts et choux précoces

Le chou vert a de longues feuilles frisées attachées à une tige centrale. Le chou précoce est similaire, mais il a des feuilles plus grandes et plus lisses. Ils sont tous deux savoureux et riches en nutriments. Il est préférable de les cuire à la vapeur ou à l'eau. Les jeunes feuilles peuvent être utilisées dans des poêlées ou crues dans des salades.

Endives et trévises

Les feuilles blanches allongées et serrées de l'endive, et les pommes fermes et rondes de la trévise rouge ont un goût légèrement amer, elles sont donc à utiliser avec modération dans les salades. Toutes deux sont bonnes grillées, sautées ou braisées, ce qui adoucit leur saveur.

Épinards

Légume vert des plus polyvalents, l'épinard a une riche saveur de beurre et une texture lisse. Il est meilleur cuit à l'eau ou à la vapeur, ou rapidement sauté dans du beurre. Les épinards s'ajoutent aussi avec bonheur à un risotto ou à un plat de pâtes. Mangées crues, les pousses apportent une grande quantité de nutriments à une salade.

Laitues

La romaine et la batavia ont des feuilles fermes et croquantes, tandis que la sucrine est plus douce et sucrée. Les jolies feuilles frisottées de la lollo rossa sont vertes à la base et d'un rouge foncé sur les bords. Tout aussi attirante est la feuille de chêne rouge. Ces salades sont très bonnes braisées ou en soupes.

Pak-choï

Le pak-choï présente des feuilles vert foncé serrées, avec une base blanche et charnue. Il est d'une saveur légère et constitue une agréable adjonction aux poêlées, soupes, plats de pâtes chinoises et salades. Dans une poêlée, il est préférable de séparer la partie feuillue de la base car celle-ci met plus longtemps à cuire.

Roquette et cresson

La roquette et le cresson ont une saveur poivrée qui donne du relief aux salades. Ces deux légumes sont plus doux quand ils sont cuits, mais conservent toujours un certain piquant. Ils constituent de délicieuses soupes et sauces, et ne déparent pas dans des pâtes ou un risotto.

Soupe de brocoli
au cheddar

Pour 6 personnes

Ingrédients

- 25 g de beurre
- 1 oignon, haché
- 2 cuil. à café d'estragon frais haché, un peu plus pour la garniture
- 450 g de pommes de terre, râpées
- 1,7 l de bouillon de légumes
- 700 g de brocoli, séparé en fleurettes
- 175 g de cheddar, râpé
- 1 cuil. à soupe de persil frais haché
- sel et poivre

1 Faire fondre le beurre dans une casserole à fond épais, ajouter l'oignon et le cuire 5 minutes en remuant de temps en temps. Ajouter l'estragon et les pommes de terre, puis saler et poivrer. Bien mélanger, couvrir avec du bouillon et porter à ébullition. Réduire le feu, couvrir et laisser mijoter 10 minutes.

2 Pendant ce temps, porter le bouillon restant à ébullition dans une autre casserole, ajouter le brocoli et le cuire 6 à 8 minutes, jusqu'à ce qu'il soit tendre.

3 Retirer les deux casseroles du feu, laisser tiédir, puis transférer les contenus dans un robot de cuisine, en plusieurs fois si nécessaire. Réduire en soupe épaisse et reverser dans une casserole propre.

4 Ajouter le fromage et le persil dans la casserole et réchauffer la soupe sans porter à ébullition. Verser la soupe dans des bols chauds, garnir d'estragon et servir immédiatement.

Crostinis aux brocolis et à l'ail des ours

Pour 6 personnes

Ingrédients

- 500 g de brocoli, séparé en fleurettes
- 100 ml d'huile d'olive
- 1 petite botte d'ail des ours, rincée, séchée et hachée
- 1 ou 2 piments rouges frais, épépinés et finement hachés
- 6 tranches de pain de campagne de la veille
- sel et poivre

1 Préchauffer le four à 190 °C (th. 6-7).

2 Cuire le brocoli 10 minutes à l'eau bouillante, jusqu'à ce qu'il soit tendre. Égoutter et réserver.

3 Chauffer environ un tiers de l'huile dans un wok ou une grande poêle à feu vif, ajouter l'ail des ours et le piment, et les faire revenir 2 minutes. Ajouter le brocoli, puis saler et poivrer à volonté. Faire revenir encore 3 à 4 minutes, jusqu'à ce que le tout soit chaud et bien croustillant.

4 Pendant ce temps, verser l'huile restante sur les tranches de pain et les passer 10 minutes au four préchauffé, jusqu'à ce qu'elles soient croustillantes et dorées.

5 Répartir la préparation sur les crostinis, saler et poivrer. Servir immédiatement.

Pâtes pimentées au brocoli

Pour 4 personnes

Ingrédients
- 225 g de tortiglionis secs
- 225 g de brocoli
- 50 ml d'huile d'olive vierge extra
- 2 grosses gousses d'ail, hachées
- 2 piments rouges frais, épépinés et coupés en dés
- 8 tomates cerises, coupées en deux si elles sont grosses (facultatif)
- sel
- 1 petite poignée de basilic ou de persil frais haché, en garniture

1 Porter une grande casserole d'eau salée à ébullition, ajouter les pâtes et porter de nouveau à ébullition. Cuire 8 à 10 minutes, jusqu'à ce que les pâtes soient *al dente*. Retirer la casserole du feu, égoutter et rincer à l'eau courante. Égoutter de nouveau et réserver.

2 Séparer le brocoli en fleurettes. Porter une casserole d'eau salée à ébullition, ajouter le brocoli et le cuire 5 minutes. L'égoutter, le rincer à l'eau courante et l'égoutter de nouveau.

3 Chauffer l'huile dans la casserole qui a servi à cuire les pâtes, ajouter l'ail, les piments et les tomates, et cuire 1 minute à feu vif.

4 Ajouter le brocoli dans la casserole et cuire 2 minutes, jusqu'à ce qu'il soit bien chaud. Ajouter ensuite les pâtes et bien mélanger. Cuire encore 1 minute.

5 Retirer la casserole du feu, transférer les pâtes dans un grand plat de service et garnir de basilic. Servir immédiatement.

Tarte au chou-fleur et au brocoli

Pour 4 personnes

Ingrédients

Pâte
- 175 g de farine, un peu plus pour saupoudrer
- 1 pincée de sel
- 1¼ cuil. à café de paprika
- 1 cuil. à café de thym séché
- 75 g de margarine
- 3 cuil. à soupe d'eau

Garniture
- 100 g de fleurettes de chou-fleur
- 100 g de fleurettes de brocoli
- 1 oignon, coupé en 8 quartiers
- 25 g de beurre ou de margarine
- 1 cuil. à soupe de farine
- 6 cuil. à soupe de bouillon de légumes
- 125 ml de lait
- 85 g de fromage râpé
- sel et poivre
- paprika, en garniture

1 Préchauffer le four à 190 °C (th. 6-7). Pour la pâte, tamiser la farine et le sel dans un bol, ajouter le thym et le paprika, puis incorporer la margarine. Ajouter l'eau de façon à lier la pâte. Mettre 30 minutes au réfrigérateur.

2 Abaisser la pâte sur un plan de travail légèrement fariné et en recouvrir un moule à tarte de 18 cm de diamètre. Piquer la pâte à l'aide d'une fourchette, la garnir de papier sulfurisé et ajouter des billes de cuisson. Cuire à blanc 15 minutes au four préchauffé, puis retirer le papier et les billes, et cuire encore 5 minutes au four.

3 Pour la garniture, porter à ébullition une grande casserole d'eau légèrement salée, ajouter le chou-fleur, le brocoli et l'oignon, et les cuire 10 à 12 minutes, jusqu'à ce qu'ils soient tendres. Égoutter et réserver.

4 Faire fondre le beurre dans une casserole, ajouter la farine et cuire 1 minute sans cesser de remuer. Retirer la casserole du feu, ajouter le bouillon et le lait, et remettre sur le feu. Porter à ébullition sans cesser de remuer et ajouter 55 g de fromage, puis saler et poivrer à volonté.

5 Répartir le chou-fleur, le brocoli et l'oignon dans le fond de tarte, napper de sauce et parsemer avec le fromage restant. Cuire de nouveau 10 minutes au four préchauffé, jusqu'à ce que le fromage soit doré. Garnir de paprika et servir immédiatement.

Korma de chou-fleur
aux aubergines

Pour 4 à 6 personnes

Ingrédients

- 85 g de noix de cajou
- 1½ cuil. à soupe de pâte d'ail et de gingembre
- 200 ml d'eau, un peu plus si nécessaire
- 55 g de ghee ou 4 cuil. à soupe d'huile végétale ou d'arachide
- 1 gros oignon, haché
- 5 gousses de cardamome verte, légèrement pilées
- 1 bâton de cannelle, cassé en deux
- ¼ de cuil. à café de curcuma en poudre
- 250 ml de crème fraîche épaisse
- 140 g de pommes de terre nouvelles, grattées et coupées en dés de 1 cm
- 140 g de fleurettes de chou-fleur
- ½ cuil. à café de garam masala
- 140 g d'aubergines, coupées en cubes
- 140 g de haricots verts, coupés en tronçons de 1 cm
- sel et poivre
- menthe ou coriandre fraîches, hachées, en garniture

1 Chauffer une grande cocotte ou une poêle munie d'un couvercle à feu vif, ajouter les noix de cajou et les faire griller jusqu'à ce qu'elles commencent à dorer. Les retirer immédiatement de la cocotte.

2 Mettre les noix de cajou dans un moulin à épices, ajouter la pâte d'ail et de gingembre et 1 cuillerée à soupe d'eau, et réduire le tout en pâte épaisse.

3 Faire fondre le ghee dans la cocotte à feu moyen à vif, ajouter l'oignon et faire revenir 5 à 8 minutes, jusqu'à ce qu'il soit bien doré. Ajouter la pâte de noix de cajou et faire revenir encore 5 minutes. Incorporer la cardamome, la cannelle et le curcuma. Incorporer la crème fraîche et l'eau restante, puis porter à ébullition sans cesser de remuer. Réduire le feu au minimum, couvrir et laisser mijoter 5 minutes.

4 Ajouter les pommes de terre, le chou-fleur et le garam masala, couvrir et laisser mijoter 5 minutes. Incorporer l'aubergine et les haricots verts, et cuire encore 5 minutes, jusqu'à ce que les légumes soient tendres. Vérifier souvent que la préparation n'attache pas au fond de la casserole, et ajouter de l'eau si nécessaire.

5 Rectifier l'assaisonnement, parsemer de menthe et servir.

Gratin de chou-fleur

Pour 4 personnes

Ingrédients
- 1 chou-fleur, séparé en fleurettes (675 g une fois paré)
- 40 g de beurre
- 40 g de farine
- 450 ml de lait
- 115 g de fromage râpé
- noix muscade fraîchement râpée
- sel et poivre
- 1 cuil. à soupe de parmesan râpé

1 Préchauffer le gril à température maximale. Cuire le chou-fleur 4 à 5 minutes à l'eau bouillante salée – il doit rester ferme. L'égoutter, le mettre dans un plat à gratin chaud d'une contenance de 1,4 l et le réserver au chaud.

2 Faire fondre le beurre dans une casserole à feu moyen, incorporer la farine et cuire 1 minute sans cesser de remuer, jusqu'à obtention d'une consistance homogène.

3 Retirer la casserole du feu et incorporer progressivement le lait, de façon à obtenir une sauce homogène.

4 Remettre la casserole sur le feu et porter à ébullition à feu doux sans cesser de remuer, de sorte que la sauce épaississe. Réduire le feu et laisser mijoter 3 minutes sans cesser de remuer, jusqu'à ce que la sauce soit bien lisse et crémeuse.

5 Retirer la casserole du feu et incorporer le fromage râpé et de la noix muscade à volonté. Saler et poivrer.

6 Verser la sauce sur le chou-fleur, garnir de parmesan et faire griller le fromage au gril préchauffé. Servir immédiatement.

Choux de Bruxelles
aux châtaignes

Pour 4 personnes

Ingrédients
- 450 g de choux de Bruxelles
- 115 g de beurre doux
- 55 g de sucre roux
- 115 g de châtaignes cuites et décortiquées
- sel et poivre

1 Parer les choux de Bruxelles en retirant la tige épaisse et les feuilles externes. Porter une casserole d'eau légèrement salée à ébullition à feu vif, ajouter les choux de Bruxelles et cuire 5 à 10 minutes, jusqu'à ce qu'ils soient cuits mais toujours fermes. Bien égoutter, rincer à l'eau froide et égoutter de nouveau. Réserver.

2 Faire fondre le beurre dans une poêle à fond épais, ajouter le sucre et cuire à feu moyen jusqu'à ce qu'il soit dissous.

3 Ajouter les châtaignes dans la poêle et les cuire en remuant de temps en temps jusqu'à ce qu'elles soient enrobées de caramel et qu'elles commencent à dorer.

4 Ajouter les choux de Bruxelles dans la poêle et mélanger. Réduire le feu et cuire 3 à 4 minutes à feu doux en remuant de temps, jusqu'à ce que la préparation soit bien chaude. Saler et poivrer.

5 Retirer du feu, transférer sur un plat de service et servir.

Soupe toscane
au chou et aux haricots

Pour 6 personnes

Ingrédients

- 200 g de haricots cannellini, mis à tremper une nuit dans de l'eau froide
- 3 cuil. à soupe d'huile d'olive
- 2 oignons rouges, grossièrement hachés
- 4 carottes, émincées
- 4 branches de céleri, grossièrement hachées
- 4 gousses d'ail, hachées
- 600 ml d'eau ou de bouillon de légumes
- 400 g de tomates concassées en boîte
- 2 cuil. à soupe de persil plat frais haché
- 500 g de cavolo nero ou de chou frisé, parés et finement émincés
- 1 petite ciabatta de la veille, coupée en dés
- sel et poivre
- huile d'olive vierge extra, pour servir

1 Égoutter les haricots et les mettre dans une grande casserole. Les couvrir d'eau froide et porter à ébullition en écumant la surface. Réduire le feu et laisser mijoter 1 h 30, jusqu'à ce que les haricots soient tendres. Rajouter de l'eau en cours de cuisson si nécessaire.

2 Pendant ce temps, chauffer l'huile dans une grande casserole, ajouter les oignons, les carottes, le céler et l'aili, et les cuire 10 à 15 minutes à feu moyen en remuant souvent, jusqu'à ce qu'ils soient tendres. Ajouter l'ail et cuire encore 1 à 2 minutes sans cesser de remuer.

3 Égoutter les haricots en réservant l'eau de cuisson, puis incorporer la moitié des haricots à la préparation. Incorporer les 600 ml d'eau, les tomates et le persil, puis saler et poivrer à volonté. Porter à ébullition et cuire 30 minutes sans couvrir et en remuant de temps en temps. Ajouter le chou et cuire encore 15 minutes en remuant de temps en temps.

4 Mettre les haricots restants dans un robot de cuisine, ajouter un peu du liquide de cuisson réservé et réduire en purée homogène. Incorporer la purée dans la casserole avec le pain. La soupe doit être épaisse, mais ajouter de l'eau de cuisson des haricots pour la fluidifier si nécessaire. Poursuivre la cuisson jusqu'à ce que la soupe soit bien chaude.

5 Servir chaud, arrosé d'huile d'olive vierge extra.

Sauté de chou frisé

Pour 4 personnes

Ingrédients
- 750 g de chou frisé
- 2 cuil. à soupe d'huile
  de tournesol
- 1 oignon, haché
- 4 grosses gousses d'ail, finement
  hachées
- 2 poivrons rouges, épépinés
  et finement émincés
- 1 grosse carotte, grossièrement
  râpée
- 100 g de brocoli, séparé
  en très petites fleurettes
- 1 pincée de flocons de piment
  (facultatif)
- 125 ml de bouillon de légumes
- 115 g de pousses de soja
- 1 poignée de noix de cajou
  grillées, hachées
- sel et poivre
- quartiers de citron,
  en accompagnement

1 À l'aide d'un couteau tranchant, retirer les côtes épaisses du chou. Empiler plusieurs feuilles les unes sur les autres, et ciseler finement la pile. Répéter l'opération avec le chou restant. Réserver.

2 Chauffer un grand wok à feu vif, jusqu'à ce que des gouttes d'eau jetées dedans « dansent » sur la surface. Ajouter l'huile et bien la répartir dans le wok, puis ajouter l'oignon et le faire revenir 3 minutes. Ajouter l'ail, les poivrons et la carotte, et poursuivre la cuisson jusqu'à ce que l'oignon soit tendre et que les poivrons commencent à s'attendrir.

3 Ajouter le brocoli et les flocons de piment, et bien mélanger. Incorporer le chou et mouiller avec le bouillon, puis saler et poivrer à volonté. Réduire le feu, couvrir et laisser mijoter 5 minutes, jusqu'à ce que le chou soit tendre.

4 Retirer le couvercle et laisser l'excédent d'eau s'évaporer. Incorporer les pousses de soja à l'aide de deux fourchettes, puis rectifier l'assaisonnement.

5 Dresser le sauté sur des assiettes, parsemer de noix de cajou et servir garni de quartiers de citron.

Rouleaux de chou farcis

Pour 4 personnes

Ingrédients

- 8 grosses feuilles de chou vert (ou 12 moyennes)
- 1 l d'eau
- 100 g d'orge perlé, rincé et égoutté
- 2 cuil. à soupe de persil frais haché
- 2 gousses d'ail, grossièrement hachées
- 800 g de tomates concassées en boîte
- 4 cuil. à soupe de vinaigre de vin rouge
- 1 cuil. à soupe d'huile de maïs ou de tournesol, un peu plus pour graisser
- 2 courgettes, coupées en dés
- 3 oignons verts, émincés
- 2 cuil. à soupe de sucre roux
- sel et poivre

1 Retirer la côte centrale des feuilles de chou. Porter une grande casserole d'eau à ébullition, ajouter le chou et le blanchir 1 minute. Égoutter les feuilles et les sécher.

2 Dans une autre casserole, porter le litre d'eau à ébullition, ajouter l'orge et la moitié du persil, couvrir et laisser mijoter environ 45 minutes, jusqu'à ce que toute l'eau ait été absorbée.

3 Pendant ce temps, mettre l'ail, la moitié des tomates et le vinaigre dans un robot de cuisine et réduire en purée lisse. Réserver.

4 Chauffer l'huile dans une poêle, ajouter les courgettes et le persil restant, et cuire 3 minutes en remuant souvent. Ajouter les oignons verts et cuire brièvement, puis ajouter la purée de tomates. Cuire 10 minutes, jusqu'à épaississement, puis transférer dans un bol.

5 Ajouter l'orge dans le bol, puis saler et poivrer à volonté. Bien mélanger.

6 Préchauffer le four à 190 °C (th. 6-7). Huiler un grand plat à gratin. Déposer une cuillerée de garniture à l'extrémité d'une feuille de chou, puis rouler le tout et déposer le rouleau dans le plat à gratin. Répéter l'opération avec les feuilles restantes en plaçant tous les rouleaux dans le plat en une seule couche.

7 Saupoudrer les rouleaux de sucre et les garnir avec les tomates restantes et leur jus. Couvrir de papier d'aluminium et cuire 30 minutes au four préchauffé, jusqu'à ce que le chou soit tendre. Servir directement dans le plat.

Curry rouge
de légumes-feuilles

Pour 4 personnes

Ingrédients

- 2 cuil. à soupe d'huile d'arachide ou d'huile végétale
- 2 oignons, finement émincés
- 1 botte de pointe d'asperges fines
- 400 ml de lait de coco en boîte
- 2 cuil. à soupe de pâte de curry rouge
- 3 feuilles de kombava
- 225 g de pousses d'épinards frais
- 2 têtes de pak-choï, hachées
- 1 petit chou chinois, ciselé
- 1 poignée de coriandre fraîche, hachée
- riz, en accompagnement

1 Chauffer l'huile dans un wok, ajouter les oignons et les asperges, et faire revenir 1 à 2 minutes à feu moyen à vif.

2 Ajouter le lait de coco, la pâte de curry et les feuilles de kombava, et porter à ébullition à feu doux en remuant de temps en temps.

3 Ajouter les épinards, le pak-choï et le chou chinois, et cuire 2 à 3 minutes sans cesser de remuer, jusqu'à ce qu'ils soient flétris.

4 Ajouter la coriandre et bien mélanger. Servir immédiatement accompagné de riz.

Gnocchis aux épinards
et à la ricotta

Pour 4 à 6 personnes

Ingrédients
- 1 cuil. à soupe d'huile d'olive
- 500 g de pousses d'épinards
- 225 g de ricotta
- 115 g de parmesan
  ou de pecorino, râpés
- 2 œufs, légèrement battus
- 55 g de farine, un peu plus
  pour saupoudrer
- noix muscade fraîchement râpée
- sel et poivre
- feuilles de basilic frais, ciselées,
  en garniture

Sauce
- 2 cuil. à soupe d'huile d'olive
- 2 échalotes, finement hachées
- 1 carotte, finement hachée
- 2 gousses d'ail, pilées
- 800 g de tomates concassées
  en boîte
- 1 cuil. à soupe de concentré
  de tomates
- 6 feuilles de basilic frais,
  grossièrement ciselées
- sel et poivre

1 Chauffer l'huile dans une casserole, ajouter les épinards et les cuire 1 à 2 minutes à couvert, jusqu'à ce qu'ils aient flétri. Les égoutter dans un tamis et les laisser refroidir en exprimant l'excédent d'eau le plus possible avec les mains (il est possible de les presser dans un torchon pour les sécher davantage).

2 Hacher finement les épinards et les mettre dans un bol. Ajouter la ricotta, la moitié du parmesan, les œufs et la farine, et bien mélanger. Saler et poivrer à volonté, puis incorporer la noix muscade. Couvrir et mettre au moins 1 heure au réfrigérateur.

3 Pendant ce temps, pour préparer la sauce, chauffer l'huile dans une casserole, ajouter les échalotes, la carotte et l'ail, et les cuire 3 à 4 minutes à feu moyen en remuant souvent, jusqu'à ce qu'ils soient tendres. Ajouter les tomates et le concentré de tomates, et porter à ébullition. Réduire le feu et laisser mijoter 10 à 15 minutes sans couvrir, jusqu'à épaississement. Saler et poivrer, et incorporer le basilic. Pour une sauce plus fluide, passer au tamis ou mixer dans un robot de cuisine.

4 Pour façonner les gnocchis, procéder les mains farinées. Prendre une cuillerée à café de pâte dans le creux de la main et la façonner en ovale, puis la déposer sur une plaque farinée. Répéter l'opération avec la pâte restante.

5 Porter une grande casserole d'eau à frémissement, y plonger délicatement les gnocchis et les cuire 2 à 3 minutes à feu doux, jusqu'à ce qu'ils remontent à la surface. Les retirer de l'eau à l'aide d'une écumoire et les réserver au chaud. Procéder en plusieurs fournées pour ne pas surcharger la casserole.

6 Répartir les gnocchis sur des assiettes et les napper de sauce. Garnir de basilic et servir immédiatement, saupoudré du parmesan restant.

Pâtes aux endives,
au miel et aux noix

Pour 4 personnes

Ingrédients
- 3 cuil. à soupe d'huile d'olive
- 2 gousses d'ail, hachées
- 3 endives, émincées
- 1 cuil. à soupe de miel liquide
- 100 g de noix
- 450 g de pennes sèches
- sel et poivre

1 Chauffer l'huile dans une poêle à feu doux, ajouter l'ail et les endives, et cuire 3 à 4 minutes, jusqu'à ce que les endives commencent à flétrir. Incorporer le miel et les noix, et cuire encore 4 à 5 minutes en remuant de temps en temps. Saler et poivrer à volonté.

2 Pendant ce temps, porter une grande casserole d'eau salée à ébullition, ajouter les pâtes et porter de nouveau à ébullition. Cuire 8 à 10 minutes, jusqu'à ce que les pâtes soient *al dente*.

3 Égoutter les pâtes et les incorporer au mélange à base d'endives. Servir immédiatement.

Salade de cresson
et de courgettes à la menthe

Pour 4 personnes

Ingrédients

- 2 courgettes, coupées
  en bâtonnets
- 100 g de haricots verts,
  coupés en tronçons
- 1 poivron vert, épépiné
  et coupé en lanières
- 2 branches de céleri, émincées
- 1 botte de cresson
- sel

Sauce

- 200 ml de yaourt nature
- 1 gousse d'ail, pilée
- 2 cuil. à soupe de menthe
  fraîche hachée
- poivre

1 Porter une casserole d'eau légèrement salée à ébullition, ajouter les courgettes et les haricots verts, et les cuire 7 à 8 minutes. Égoutter, rincer à l'eau courante et égoutter de nouveau. Laisser refroidir complètement.

2 Mélanger les courgettes, les haricots verts, le poivron, le céleri et le cresson dans un grand saladier.

3 Pour préparer la sauce, mélanger le yaourt, l'ail et la menthe dans un petit bol. Saler et poivrer à volonté.

4 Verser la sauce sur la salade et servir immédiatement.

Spaghettis et leur pesto
de roquette aux noisettes

Pour 4 personnes

Ingrédients
- 2 gousses d'ail
- 85 g de noisettes
- 150 g de roquette,
  tiges coriaces retirées
- 115 g de parmesan, râpé,
  un peu plus pour garnir
- 6 cuil. à soupe d'huile d'olive
  vierge extra
- 115 g de mascarpone
- 400 g de spaghettis secs
- sel et poivre

1 Mettre l'ail et les noisettes dans un robot de cuisine et hacher finement. Ajouter la roquette, le parmesan et l'huile, et réduire en une pâte grossière. Transférer le pesto dans un plat de service, puis saler et poivrer à volonté. Incorporer enfin le mascarpone.

2 Porter une grande casserole d'eau salée à ébullition, ajouter les pâtes et porter de nouveau à ébullition. Cuire 8 à 10 minutes, jusqu'à ce que les pâtes soient *al dente*.

3 Incorporer 100 à 150 ml de l'eau des pâtes au pesto, et bien mélanger. Égoutter les pâtes, les ajouter dans le plat de service et mélanger. Saupoudrer de parmesan et servir immédiatement.

Salade de trévise
aux poivrons rouges

Pour 4 personnes

Ingrédients
- 2 poivrons rouges
- 1 tête de trévise, feuilles séparées
- 4 betteraves entières cuites, coupées en allumettes
- 12 radis, émincés
- 4 oignons verts, finement hachés
- 4 cuil. à soupe de vinaigrette
- pain frais, en accompagnement

1 Évider et épépiner les poivrons, et les détailler en cercles.

2 Dresser les feuilles de trévise dans un saladier, ajouter les poivrons, les betteraves, les radis et les oignons verts.

3 Arroser de vinaigrette, bien mélanger et servir accompagné de pain frais.

Chapitre 4
Champignons et famille des oignons

Guide des champignons et de la famille des oignons

Les champignons comme les différents types d'oignons sont utilisés comme base de nombreuses recettes, bien que, comme le montre ce chapitre, ils donnent vraiment le meilleur d'eux-mêmes quand ils sont au centre des plats.

Champignons

Il existe un large choix de champignons. Aujourd'hui, de nombreux types de champignons sauvages sont également cultivés. Ces légumes sont très polyvalents. Ils peuvent être consommés crus en salade, cuits en garniture ou servir à parfumer différents plats allant des soupes aux risottos. Les champignons déshydratés se conservent bien : pour les réhydrater, les faire tremper dans de l'eau bouillante 20 à 30 minutes. Les égoutter, et les rincer à grande eau pour retirer les salissures. L'eau de trempage peut servir dans des bouillons et des sauces, mais il faut d'abord la filtrer.

Cèpes

Également appelés bolets, les cèpes sont charnus et d'une saveur boisée. Les cèpes déshydratés confèrent une saveur prononcée aux soupes, bouillons et sauces.

Champignons de Paris blonds

Les champignons de Paris blonds sont de taille moyenne, ils ont un chapeau fermé et la peau brune. Leur saveur est plus riche que la variété blanche.

Chanterelles

Prisées, les chanterelles ont une saveur fruitée et un goût de noisette. Comme la plupart des champignons, elles doivent être brossées plutôt que lavées, car elles sont très poreuses.

Criminis et portobellos

Les criminis sont des champignons de Paris bruns d'une saveur très riche. Ce sont des versions miniatures du portobello — un gros champignon plat à chair dense.

Morilles

Reconnaissables à leur chapeau conique alvéolé, les morilles sont une variété rare, qui ne pousse qu'au printemps. Elles ont une texture aérée, poreuse, et une saveur légère et douce. On trouve également des morilles déshydratées.

Shiitakes et pleurotes

Les shiitakes et les pleurotes sont maintenant largement cultivés. Les pleurotes ont une forme d'entonnoir et, bien que généralement de couleur gris-brun, elles sont aussi parfois jaune pâle ou roses. Leur saveur est douce. Les shiitakes ont une texture spongieuse et sont surtout utilisés dans les plats asiatiques.

Famille des oignons

Ail, poireaux, oignons et échalotes apportent substance et harmonie à toute sorte de plats savoureux, notamment pour les végétariens. Ils sont aussi délicieux seuls.

Ail

Incroyablement polyvalent, l'ail ajoute une saveur essentielle à des plats du monde entier. Les têtes d'ail entières sont également délicieuses rôties et servies en garniture. Crues, les gousses écrasées peuvent être mélangées à du beurre sur une viande grillée, ou ajoutées à de la mayonnaise pour préparer un aïoli.

Échalotes

Il existe deux types d'échalotes : la grosse variété longue, parfois appelée échalion, et les plus rondes qui se séparent en deux gousses. Les échalotes ont une saveur douce, piquante et pleine, et elles forment la base de nombreuses sauces françaises traditionnelles. Elles sont aussi présentes dans la cuisine asiatique, où elles sont frites à l'huile et utilisées en garniture de salades et de plats de riz.

Oignons

Les oignons offrent une large palette de goûts, de l'oignon de Valence sucré et doux à la ciboule légère et fraîche en passant par l'oignon jaune polyvalent au goût plus âcre. Une fois cuit, l'oignon prend une saveur moelleuse – pour faire ressortir leur douceur, le mieux est de les rôtir. Les oignons grelots sont excellents cuits entiers dans un ragoût ou braisés ; ils sont aussi utiles pour les brochettes. Les oignons rouges et blancs sont savoureux finement émincés et éparpillés sur des salades.

Poireaux

Les poireaux ont meilleur goût quand ils sont légèrement cuits à la vapeur ou sautés plutôt que cuits à l'eau bouillante, ce qui les ramollit. Ce sont les ingrédients clés de nombreuses soupes. Ils se marient également bien avec des œufs et de la crème dans des tartes. Brièvement rôtis à four très chaud, les jeunes poireaux sont délicieux. On peut aussi les émincer très finement et les ajouter parcimonieusement à des salades.

Soupe de champignons
à l'orge

Pour 4 personnes

Ingrédients

- 55 g d'orge perlé
- 1,5 l de bouillon de légumes
- 1 feuille de laurier
- 15 g de beurre
- 350 g de champignons, finement émincés
- 1 cuil. à soupe d'huile d'olive
- 1 oignon, finement haché
- 2 carottes, finement émincées
- 1 cuil. à soupe d'estragon frais haché, plus quelques feuilles pour la garniture
- 1 cuil. à soupe de persil frais haché, un peu plus pour la garniture
- sel et poivre

1 Rincer l'orge et l'égoutter. Porter 450 ml de bouillon à ébullition dans une petite casserole. Ajouter le laurier et une pincée de sel si le bouillon n'est pas salé. Ajouter l'orge, réduire le feu et couvrir, puis laisser mijoter 40 minutes.

2 Faire fondre le beurre dans une poêle à feu moyen, ajouter les champignons et saler et poivrer à volonté. Cuire 8 minutes en remuant régulièrement, jusqu'à ce que les champignons soient bien dorés. Retirer la poêle du feu.

3 Chauffer l'huile dans une casserole à feu moyen, ajouter l'oignon et les carottes, et couvrir. Cuire 3 minutes en remuant souvent, jusqu'à ce que l'oignon soit tendre.

4 Verser le bouillon restant dans la casserole et porter à ébullition. Incorporer l'orge et son liquide de cuisson, puis les champignons. Réduire le feu, couvrir et laisser mijoter 20 minutes en remuant de temps en temps, jusqu'à ce que les carottes soient tendres.

5 Incorporer l'estragon et le persil, et rectifier l'assaisonnement. Répartir la soupe dans des bols, garnir de persil haché et de feuilles d'estragon, et servir.

Pizza aux champignons

Pour 2 pizzas

Ingrédients

- 3 cuil. à soupe d'huile
- 2 gousses d'ail, pilées
- 2 cuil. à soupe d'origan frais haché
- 2 abaisses de pâte à pizza de 23 cm de diamètre
- 85 g de ricotta
- 1 cuil. à soupe de lait
- 40 g de beurre
- 350 g d'un mélange de champignons, émincés
- 2 cuil. à soupe de jus de citron
- 1 cuil. à soupe de marjolaine fraîche hachée
- 4 cuil. à soupe de parmesan frais râpé
- sel et poivre

1 Préchauffer le four à 240 °C (th. 8). Mélanger 2 cuillerées à soupe d'huile, l'ail et l'origan, et enduire les abaisses de pâte à pizza avec le mélange obtenu.

2 Mélanger la ricotta et le lait dans un bol. Saler et poivrer à volonté et étaler le mélange sur les abaisses de pâte en laissant 4 cm de marge.

3 Chauffer le beurre et l'huile restante dans une poêle, ajouter les champignons et les cuire 2 minutes à feu vif. Retirer la poêle du feu, puis saler et poivrer à volonté. Incorporer le jus de citron et la marjolaine.

4 Répartir les champignons sur les abaisses en laissant 1 cm de marge. Saupoudrer de parmesan, et cuire 12 à 15 minutes au four préchauffé, jusqu'à ce que la pâte soit croustillante et que les champignons soient cuits. Servir immédiatement.

Linguines aux champignons
et au mascarpone

Pour 4 personnes

Ingrédients
- 450 g de linguines sèches
- 55 g de beurre
- 1 gousse d'ail, pilée
- 225 g d'un mélange de champignons sauvages, émincés
- 250 g de mascarpone
- 2 cuil. à soupe de lait
- 1 cuil. à soupe de sauge fraîche hachée, plus quelques feuilles pour la garniture
- sel et poivre
- copeaux de parmesan, en garniture

1 Porter une grande casserole d'eau légèrement salée à ébullition, ajouter les pâtes et porter de nouveau à ébullition. Cuire 8 à 10 minutes, jusqu'à ce que les pâtes soient *al dente*.

2 Pendant ce temps, faire fondre le beurre dans une autre casserole, ajouter l'ail et les champignons, et les cuire 3 à 4 minutes. Réduire le feu et incorporer le mascarpone, le lait et la sauge hachée. Saler et poivrer à volonté.

3 Égoutter les pâtes et les ajouter aux champignons. Bien mélanger. Dresser les pâtes dans des assiettes, garnir de feuilles de sauge et servir immédiatement garni de copeaux de parmesan.

Bruschettas
de champignons

Pour 4 personnes

Ingrédients

• 4 tranches de pain au levain
• 3 gousses d'ail, 1 coupée en deux et 2 pilées
• 2 cuil. à soupe d'huile d'olive vierge extra, un peu plus pour arroser
• 225 g d'un mélange de champignons sauvages
• 1 cuil. à soupe d'huile d'olive
• 25 g de beurre
• 1 petit oignon ou 2 échalotes, finement hachés
• 50 ml de vin blanc sec ou de marsala
• sel et poivre
• 2 cuil. à soupe de persil plat frais haché, en garniture

1 Préchauffer le gril à feu moyen. Passer les tranches de pain au gril jusqu'à ce qu'elles soient bien dorées, les frotter avec les demi-gousses d'ail et les arroser d'huile d'olive vierge extra. Déposer les bruschettas sur une plaque et les réserver au chaud.

2 Essuyer les champignons pour en retirer les salissures, puis émincer les plus gros. Chauffer l'huile avec la moitié du beurre dans une poêle, ajouter les champignons et les cuire 3 à 4 minutes à feu moyen en remuant souvent, jusqu'à ce qu'ils soient tendres. Retirer les champignons de la poêle à l'aide d'une écumoire et les réserver.

3 Chauffer le beurre restant dans la poêle, ajouter l'oignon et l'ail pilé, et les cuire 3 à 4 minutes à feu moyen en remuant souvent, jusqu'à ce qu'ils soient tendres. Mouiller avec le vin, mélanger et laisser bouillonner 2 à 3 minutes, jusqu'à ce que la sauce réduise et épaississe. Remettre les champignons dans la poêle et les réchauffer. La sauce doit être assez épaisse pour glacer les champignons. Saler et poivrer à volonté.

4 Empiler les champignons sur les bruschettas, garnir de persil et servir immédiatement, arrosé d'huile d'olive vierge extra.

Omelette aux champignons sauvages

Pour 2 personnes

Ingrédients

- 1 cuil. à soupe d'huile d'olive vierge extra
- 1 petit oignon, coupé en quartiers
- 2 ou 3 gousses d'ail, pilées
- 85 g d'un mélange de champignons sauvages, les plus gros coupés en deux
- 85 g de champignons de Paris, émincés
- 1 courgette, râpée
- 2 œufs
- 2 blancs d'œufs
- 2 cuil. à soupe d'eau
- 1 poivron orange, épépiné et coupé en lanières
- 1 cuil. à soupe de parmesan frais râpé (facultatif)
- 1 cuil. à soupe de basilic frais ciselé
- poivre
- roquette, en garniture
- pain complet, en garniture

1 Chauffer l'huile dans une grande poêle antiadhésive. Ajouter l'oignon et l'ail, couvrir et cuire 3 minutes en remuant de temps en temps. Ajouter les champignons et les cuire encore 4 à 5 minutes, jusqu'à ce que les champignons se soient attendris. Ajouter la courgette.

2 Battre ensemble les œufs entiers, les blancs d'œufs et l'eau, puis poivrer à volonté. Verser ce mélange dans la poêle, augmenter légèrement le feu et cuire en ramenant les œufs vers le centre de la poêle à l'aide d'une fourchette ou d'une spatule.

3 Lorsque le fond de l'omelette a pris, parsemer de poivron, puis de parmesan et de basilic. Cuire encore 3 à 4 minutes, selon ses goûts.

4 Couper l'omelette en quartiers, garnir de roquette et servir accompagné de pain complet.

Risotto aux champignons

Pour 4 personnes

Ingrédients

- 55 g de cèpes déshydratés
- 250 ml d'eau chaude
- 700 ml de bouillon de légumes
- 6 cuil. à soupe d'huile d'olive
- 280 g de champignons frais, grossièrement émincés
- 2 gousses d'ail, finement hachées
- 1 cuil. à soupe de thym frais haché
- 1 oignon, finement haché
- 350 g de riz pour risotto
- 150 ml de vin blanc sec
- 55 g de beurre
- 115 g de parmesan, râpé
- sel et poivre
- 2 cuil. à soupe de persil plat frais finement haché, en garniture

1 Faire tremper les cèpes déshydratés 10 à 15 minutes dans l'eau chaude, puis les égoutter en réservant l'eau de trempage. Émincer finement les cèpes.

2 Porter le bouillon à ébullition, puis réduire le feu et le réserver à frémissement durant la cuisson du risotto.

3 Chauffer la moitié de l'huile dans une sauteuse, ajouter les champignons frais et les cuire 10 à 15 minutes à feu doux en remuant de temps en temps, jusqu'à ce qu'ils soient tendres. Ajouter les cèpes réhydratés et l'ail, et les cuire 2 à 3 minutes en remuant souvent. Ajouter le thym, du sel et du poivre, puis retirer la préparation de la sauteuse et la réserver au chaud.

4 Pendant ce temps, chauffer l'huile restante dans la sauteuse, ajouter l'oignon et le cuire 10 à 12 minutes à feu doux en remuant de temps en temps, jusqu'à ce qu'il soit tendre. Incorporer délicatement le riz et le cuire 1 minute sans cesser de remuer, jusqu'à ce qu'il soit translucide et enrobé d'huile.

5 Mouiller avec le vin et laisser mijoter jusqu'à ce qu'il se soit évaporé. Ajouter l'eau de trempage des cèpes et cuire sans cesser de remuer jusqu'à ce qu'il soit absorbé.

6 Ajouter progressivement le bouillon chaud sans cesser de remuer. Verser une louche à la fois, en attendant que le riz ait absorbé l'ajout précédent. Augmenter le feu de sorte que le bouillon soit à ébullition. L'opération prend 20 à 25 minutes. Tout le bouillon doit avoir été absorbé et le riz doit être crémeux.

7 Retirer du feu et incorporer délicatement les champignons, le beurre et la moitié du parmesan. Saler et poivrer à volonté.

8 Servir immédiatement, garni de persil et du parmesan restant.

Champignons farcis

Pour 4 personnes

Ingrédients
- 25 g de cèpes déshydratés
- 225 g de pommes de terre farinées, coupées en dés
- 2 cuil. à soupe de beurre fondu
- 4 cuil. à soupe de crème fraîche épaisse
- 2 cuil. à soupe de ciboulette fraîche hachée
- 8 champignons portobellos
- 25 g d'emmental, râpé
- 150 ml de bouillon de légumes
- sel et poivre

1 Préchauffer le four à 220 °C (th. 6-7). Mettre les cèpes déshydratés dans un bol, les couvrir d'eau bouillante et les laisser tremper 20 minutes.

2 Pendant ce temps, cuire les pommes de terre 10 minutes à l'eau bouillante, jusqu'à ce qu'elles soient bien tendres. Bien les égoutter et les réduire en purée.

3 Égoutter les cèpes et les hacher finement, puis les incorporer à la purée de pommes de terre.

4 Battre le beurre avec la crème fraîche et la ciboulette, et incorporer le mélange à la purée. Saler et poivrer à volonté.

5 Retirer les pieds des portobellos, les hacher et les incorporer à la purée. Farcir les chapeaux des portobellos avec la purée et les garnir de fromage râpé.

6 Déposer les champignons farcis dans un plat à gratin et y verser également le bouillon.

7 Couvrir le plat de papier d'aluminium et cuire 20 minutes au four préchauffé. Retirer le papier d'aluminium et cuire encore 5 minutes, jusqu'à ce que la farce soit dorée. Servir immédiatement.

Morilles à la crème
et leurs croûtons de polenta

Pour 6 personnes

Ingrédients
- 6 poignées de morilles fraîches
- 3 cuil. à soupe d'huile d'olive
- 4 échalotes, finement hachées
- 2 gousses d'ail, pilées
- 100 ml de marsala
- 200 ml de crème fraîche épaisse
- 2 cuil. à soupe de moutarde
  à l'ancienne
- 1 petite botte d'estragon frais,
  finement hachée, plus quelques
  brins pour la garniture
- sel et poivre

Croûtons de polenta
- 1 l de bouillon de légumes
- 250 g de polenta
- 100 g de parmesan, râpé
- 2 poignées de pousses
  d'épinards, grossièrement
  ciselées
- 2 cuil. à soupe de grains
  de poivre noir pilés
- 100 g de beurre, ramolli
- sel et poivre
- huile d'olive, pour graisser

1 Pour préparer les croûtons de polenta, porter le bouillon à ébullition, ajouter la polenta progressivement sans cesser de battre à l'aide d'un fouet. Cuire selon les instructions figurant sur l'emballage.

2 À l'aide d'une cuillère en bois, incorporer le parmesan, les épinards, les grains de poivre et la moitié du beurre. Rectifier l'assaisonnement.

3 Huiler légèrement une plaque, y verser la polenta et lisser la surface à l'aide d'une spatule. Laisser prendre, puis y découper 6 ronds à l'aide d'un emporte-pièce de 10 cm de diamètre.

4 Couper les morilles en deux et les laver soigneusement. Les sécher avec du papier absorbant.

5 Chauffer l'huile dans une casserole à feu moyen, ajouter les échalotes et l'ail, et les cuire 3 à 4 minutes, jusqu'à ce qu'ils soient tendres. Ajouter les morilles et les cuire 2 minutes sans cesser de remuer. Mouiller avec le marsala, le laisser s'évaporer rapidement et incorporer la crème fraîche, la moutarde et l'estragon haché. Saler et poivrer à volonté et réserver au chaud.

6 Chauffer le beurre restant dans une poêle à feu vif, ajouter les croûtons de polenta et les cuire 3 à 4 minutes de chaque côté, jusqu'à ce qu'ils soient dorés et croustillants. Servir immédiatement, garni des morilles à la crème et de brins d'estragon.

Soupe à l'oignon

Pour 6 personnes

Ingrédients

- 3 cuil. à soupe d'huile d'olive
- 675 g d'oignons, finement émincés
- 4 gousses d'ail, 3 hachées et 1 coupée en deux
- 1 cuil. à soupe de sucre
- 2 cuil. à soupe de thym frais haché, plus quelques brins pour la garniture
- 2 cuil. à soupe de farine
- 125 ml de vin blanc sec
- 2 l de bouillon de légumes
- 6 tranches de baguette
- 300 g de gruyère, râpé

1 Chauffer l'huile dans une casserole à fond épais, ajouter les oignons et les cuire 10 minutes en remuant de temps en temps, jusqu'à ce qu'ils commencent juste à dorer. Incorporer l'ail haché, le sucre et le thym haché, puis réduire le feu et cuire 30 minutes en remuant de temps en temps, jusqu'à ce que les oignons soient bien dorés.

2 Saupoudrer de farine et cuire 1 à 2 minutes sans cesser de remuer. Mouiller avec le vin, puis progressivement avec le bouillon, et porter à ébullition en écumant régulièrement la surface. Réduire le feu et laisser mijoter 45 minutes.

3 Pendant ce temps, préchauffer le gril à température moyenne. Faire griller les tranches de pain de chaque côté, puis les frotter avec les demi-gousses d'ail.

4 Répartir la soupe dans 6 ramequins posés sur une plaque de four. Déposer un toast dans chaque ramequin et parsemer de fromage. Passer 2 à 3 minutes au gril préchauffé, jusqu'à ce que le fromage ait juste fondu. Garnir de brin de thym et servir immédiatement.

Pain plat à l'oignon et au romarin

Pour 1 pain

Ingrédients

- 450 g de farine, un peu plus pour saupoudrer
- ½ cuil. à café de sel
- 1½ cuil. à café de levure de boulanger déshydratée
- 2 cuil. à soupe de romarin frais haché, plus quelques brins pour la garniture
- 5 cuil. à soupe d'huile d'olive vierge extra, un peu plus pour graisser
- 300 ml d'eau tiède
- 1 oignon rouge, finement émincé et séparé en anneaux
- 1 cuil. à soupe de gros sel

1 Tamiser la farine et le sel dans un bol, incorporer la levure et le romarin, et ménager un puits au centre. Verser 3 cuillerées à soupe d'huile d'olive et l'eau tiède dans le puits. Mélanger à l'aide d'une cuillère en bois jusqu'à ce que la pâte commence à s'amalgamer, puis avec les mains jusqu'à ce qu'elle se détache des parois du bol. La pétrir ensuite 10 minutes sur un plan de travail fariné, jusqu'à ce qu'elle soit lisse et élastique.

2 Enduire les parois d'un bol d'huile d'olive. Façonner la pâte en boule et la mettre dans le bol, puis la couvrir d'un torchon humide. Laisser lever 1 heure près d'une source de chaleur, jusqu'à ce que la pâte ait doublé de volume.

3 Huiler une plaque de four. Sur le plan de travail fariné, cogner la pâte avec les poings, puis la pétrir 1 minute. Abaisser ensuite la pâte en un rond de 30 cm de diamètre et la mettre sur la plaque. Mettre la plaque dans un sac en plastique ou la couvrir avec un torchon humide, et laisser lever encore 20 à 30 minutes près d'une source de chaleur.

4 Préchauffer le four à 200 °C (th. 6-7). Former des petits creux sur toute la surface du pain avec le manche d'une cuillère en bois. Parsemer d'oignons, arroser de l'huile restante et saupoudrer de gros sel. Cuire 20 minutes au four préchauffé, puis parsemer de brins de romarin et cuire encore 5 minutes, jusqu'à ce que le pain soit bien doré. Laisser reposer sur une grille et servir chaud.

Tarte aux oignons caramélisés

Pour 6 à 8 personnes

Ingrédients
- 100 g de beurre doux
- 600 g d'oignons, finement émincés
- 2 œufs
- 100 ml de crème fraîche épaisse
- 100 g de gruyère, râpé
- 1 fond de tarte de pâte brisée de 20 cm de diamètre, cuit à blanc
- 100 g de parmesan, grossièrement râpé
- sel et poivre

1 Faire fondre le beurre dans une poêle à fond épais à feu moyen, ajouter les oignons et les cuire 30 minutes en remuant souvent de sorte qu'ils ne brûlent pas. Ils doivent être dorés et caramélisés. Les retirer de la poêle et les réserver.

2 Préchauffer le four à 190 °C (th. 6-7). Battre les œufs dans un grand bol et incorporer la crème fraîche, puis saler et poivrer à volonté. Ajouter le gruyère et bien mélanger. Incorporer les oignons.

3 Répartir la garniture dans le fond de tarte et garnir de parmesan. Mettre le moule sur une plaque et cuire 15 à 20 minutes au four préchauffé, jusqu'à ce que la garniture ait pris et soit dorée.

4 Sortir la tarte du four et la laisser reposer au moins 10 minutes. Cette tarte peut être servie chaude ou à température ambiante.

Dhal aux oignons

Pour 4 personnes

Ingrédients
- 100 g de lentilles corail
  (masoor dhal)
- 6 cuil. à soupe d'huile végétale
- 1 petite botte d'oignons verts,
  finement hachée
- 1 cuil. à soupe de gingembre frais
  finement haché
- 1 cuil. à soupe d'ail haché
- 1½ cuil. à soupe de poudre
  de piment
- 1½ cuil. à soupe de curcuma
- 300 ml d'eau
- 1 cuil. à soupe de sel
- 1 piment vert frais, épépiné
  et finement haché
- feuilles de coriandre fraîche
  hachées, en garniture

1 Rincer abondamment les lentilles et les réserver.

2 Chauffer l'huile dans une casserole à fond épais, ajouter les oignons verts et les faire revenir à feu moyen en remuant souvent jusqu'à ce qu'ils soient légèrement dorés.

3 Réduire le feu, puis ajouter le gingembre, l'ail, la poudre de piment et le curcuma. Faire brièvement revenir les oignons verts dans les épices, puis incorporer les lentilles.

4 Ajouter l'eau, réduire le feu et cuire 20 à 25 minutes, jusqu'à ce que les lentilles soient tendres.

5 Ajouter le sel et mélanger le dhal délicatement.

6 Transférer le dhal dans un plat de service, incorporer le piment vert et servir immédiatement, garni de coriandre.

Tartelettes aux oignons verts
et à la ricotta

Pour 12 tartelettes

Ingrédients

Pâte

- 200 g de farine, un peu plus pour saupoudrer
- 1 pincée de sel
- 125 g de beurre, coupé en dés, un peu plus pour graisser
- 1 jaune d'œuf

Garniture

- 250 g de ricotta
- 100 g de pecorino
- 1 œuf, battu
- 12 oignons verts, finement hachés
- 2 cuil. à soupe de petits pois frais écossés, blanchis et refroidis
- 1 cuil. à soupe de grains de poivre vert en saumure, égouttés
- sel et poivre

1 Pour préparer la pâte, tamiser la farine et le sel ensemble dans un bol, puis incorporer le beurre du bout des doigts de façon à obtenir une consistance de chapelure fine. Incorporer le jaune d'œuf et assez d'eau pour pouvoir façonner une pâte homogène. Couvrir et mettre 30 minutes au réfrigérateur.

2 Préchauffer le four à 190 °C (th. 6-7). Graisser légèrement un moule à muffins à 12 alvéoles.

3 Abaisser la pâte sur un plan de travail fariné de sorte qu'elle ait 3 mm d'épaisseur. Découper des ronds assez larges pour recouvrir les alvéoles du moule à l'aide d'un emporte-pièce adapté. Presser les ronds de pâte dans le moule, et les garnir d'un morceau de papier sulfurisé et de billes de cuisson.

4 Cuire les fonds de tartelettes à blanc 4 à 5 minutes au four préchauffé, jusqu'à ce qu'ils soient dorés et croustillants. Retirer le papier et les billes.

5 Pendant ce temps, pour préparer la garniture, mélanger la ricotta et le pecorino dans un bol, puis ajouter l'œuf, les oignons verts et les petits pois. Hacher les grains de poivre très finement, puis les ajouter à la préparation. Saler et poivrer à volonté.

6 Répartir la garniture dans les fonds de tartelettes et cuire encore 10 minutes au four préchauffé, jusqu'à ce que la garniture soit dorée. Servir chaud.

Soupe de poireaux
aux pommes de terre

Pour 4 personnes

Ingrédients

- 25 g de beurre
- 2 gousses d'ail, hachées
- 3 gros poireaux, émincés
- 450 g de pommes de terre, coupées en cubes
- 2 cuil. à soupe de persil frais haché
- 1 cuil. à soupe d'origan frais haché
- 1 feuille de laurier
- 850 ml de bouillon de légumes
- 200 ml de crème fraîche liquide
- 100 g de fromage à pâte dure fumé, râpé
- sel et poivre
- ciboulette fraîche ciselée, en garniture

1 Dans une grande casserole, faire fondre le beurre à feu moyen, ajouter l'ail et le cuire 1 minute sans cesser de remuer. Ajouter les poireaux et les cuire 2 minutes toujours en remuant. Incorporer les pommes de terre, la moitié du persil, l'origan, le laurier et le bouillon, puis saler et poivrer à volonté.

2 Porter à ébullition, puis réduire le feu et couvrir la casserole. Laisser mijoter 25 minutes. Retirer la casserole du feu, laisser reposer 10 minutes et jeter le laurier.

3 Mixer la moitié de la soupe dans un robot de cuisine (procéder en plusieurs fois si nécessaire) et la reverser dans la casserole. Incorporer la crème fraîche et réchauffer à feu doux, puis rectifier l'assaisonnement.

4 Retirer la casserole du feu et incorporer le fromage. Répartir la soupe dans des bols, garnir du persil restant et de ciboulette, et servir immédiatement.

Sauté de poireaux
au chou chinois

Pour 4 personnes

Ingrédients
- 450 g de poireaux
- 175 g de mini-épis de maïs
- 6 oignons verts
- 3 cuil. à soupe d'huile d'arachide
- 225 g de chou chinois, ciselé
- 4 cuil. à soupe de sauce
  aux haricots jaune

1 À l'aide d'un couteau tranchant, émincer les poireaux, couper en deux les mini-épis de maïs et détailler les oignons verts en tronçons de 2,5 cm.

2 Dans un wok ou une poêle préchauffés, verser l'huile et la chauffer jusqu'à ce qu'elle soit fumante.

3 Ajouter les poireaux, le chou chinois et le maïs, et les faire revenir 5 minutes à feu vif, jusqu'à ce que les légumes soient légèrement dorés sur les bords.

4 Ajouter les oignons verts dans le wok et bien mélanger.

5 Incorporer la sauce aux haricots jaune. Poursuivre la cuisson 2 minutes, jusqu'à ce que la sauce soit bien chaude et que les légumes en soient bien enrobés.

6 Dresser les légumes sautés et la sauce dans des bols chauds. Servir immédiatement.

Soupe froide à l'ail

Pour 4 à 6 personnes

Ingrédients
- 500 g de pain de campagne
  de la veille, croûte retirée
  et coupé en dés
- 5 grosses gousses d'ail,
  coupées en deux
- 125 ml d'huile d'olive vierge extra,
  un peu plus pour arroser
- 4 à 5 cuil. à soupe de vinaigre
  de xérès
- 300 g de poudre d'amandes
- 1,2 l d'eau glacée
- sel et poivre blanc
- grains de raisin blanc,
  coupés en deux,
  en garniture

1 Mettre le pain dans un bol, le couvrir d'eau froide et le laisser tremper 15 minutes. L'essorer et le mettre dans un robot de cuisine.

2 Ajouter l'ail, l'huile, le vinaigre, la poudre d'amandes et 250 ml d'eau glacée dans le robot de cuisine et réduire en purée homogène.

3 Moteur en marche, verser progressivement l'eau restante jusqu'à obtention d'une soupe homogène. Ajouter du vinaigre si nécessaire, couvrir et mettre au moins 4 heures au réfrigérateur.

4 Rectifier l'assaisonnement, verser la soupe dans des bols et l'arroser d'huile. Servir immédiatement garni de grains de raisin blanc.

Spaghettis à l'ail

Pour 4 personnes

Ingrédients
- 125 ml d'huile d'olive
- 3 gousses d'ail, pilées
- 450 g de spaghettis secs
- 3 cuil. à soupe de persil frais haché
- sel et poivre

1 Réserver 1 cuillerée à soupe d'huile et chauffer l'huile restante dans une casserole. Ajouter l'ail et le cuire à feu doux sans cesser de remuer, jusqu'à ce qu'il soit doré. Retirer la casserole du feu. Veiller à ne pas laisser brûler l'ail, ce qui altérerait sa saveur.

2 Pendant ce temps, porter une grande casserole d'eau légèrement salée à ébullition, ajouter les pâtes et l'huile réservée, et porter de nouveau à ébullition. Cuire 8 à 10 minutes, jusqu'à ce que les pâtes soient *al dente*. Égoutter et remettre dans la casserole.

3 Ajouter l'huile aillée aux spaghettis et bien mélanger. Poivrer à volonté, ajouter le persil et mélanger de nouveau.

4 Dresser les spaghettis dans un plat de service chaud et servir immédiatement.

Chapitre 5
Haricots et graines

Guide des haricots et des graines

Les haricots et les graines sont des ingrédients précieux que tout cuisinier se doit d'avoir, et pour une raison majeure, à savoir que bon nombre de ces aliments sont séchés pour accroître leur durée de conservation. Ce sont également une source utile de protéines.

Fèves

Les fèves ont une saveur unique qu'elles révéleront par une cuisson brève. Retirer la peau externe après la cuisson si elle est dure. Elles sont délicieuses cuites à la vapeur et parsemées de beurre et d'un zeste de citron.

Flageolets et haricots borlotti

Le flageolet, vert pâle, a une saveur délicate et une texture tendre, tandis que le copieux haricot borlotti est rose-brun avec une saveur sucrée et une texture plus ferme. Il est souvent utilisé dans les soupes italiennes.

Haricots cannellini

Ces petits haricots ivoire sont onctueux une fois cuits. Ils sont succulents en salades, soupes ou ragoûts, ou réduits en purée comme variante de la purée de pommes de terre.

Haricots de soja

Jaune crème à brun noir, ces haricots sont riches en protéines. On les utilise dans toute sorte d'aliments dont le tofu et la sauce de soja, et comme substituts à la viande. C'est aussi un ingrédient essentiel des sauces asiatiques, dont la sauce aux haricots noire ou jaune.

Haricots lima

Ce gros haricot plat de couleur crème a une texture farineuse une fois cuit. Il est excellent avec une sauce tomate à l'ail en accompagnement d'un rôti d'agneau.

Haricots rouges

Les haricots rouges ont une texture tendre et farineuse. Ils sont essentiels pour la préparation du chili con carne et des haricots rouges sautés mexicains.

Haricots verts

Les haricots verts et les haricots mangetout ont une saveur délicate et s'apprécient davantage cuits à la vapeur qu'à l'eau bouillante. Il faut en général retirer les fils des haricots mangetout. Il suffit en revanche d'équeuter les haricots verts. Ils sont délicieux simplement additionnés de beurre, ou servis en salade.

Lentilles

Les lentilles brunes ont une texture et une saveur puissantes et donnent du corps aux ragoûts, farces et soupes. Les lentilles vertes et les lentilles du Puy sont similaires aux lentilles brunes, mais leur saveur est un peu plus douce. La saveur de la minuscule lentille vert foncé du Puy est considérée comme supérieure à la plupart des autres variétés. Les lentilles sont délicieuses en tièdes salade, et constituent une garniture copieuse de ragoûts. Les lentilles corail sont idéales pour épaissir soupes et ragoûts, et sont utilisées pour préparer le dhal, un plat indien épicé.

Maïs

Le maïs est parfait simplement bouilli et nappé de beurre fondu et de gros sel. À la différence d'autres légumes, le maïs durcit quand il est trop cuit. Les jeunes épis doivent être cuits à gros bouillons 3 minutes environ dans une eau non salée.

Pois

Les petits pois sont très polyvalents et cuisent rapidement, soit à la vapeur, soit à l'eau bouillante. Pois cassés et lentilles corail sont interchangeables, bien qu'il faille faire tremper auparavant les premiers et les cuire plus longtemps. Ils sont parfaitement adaptés pour les dhals, les soupes, les plats en cocotte et les purées.

Pois chiches

Les pois chiches ressemblent à des noisettes décortiquées. Ils ont un goût de noisette et une texture onctueuse. Ils sont largement utilisés dans la cuisine indienne et moyen-orientale.

Pousses de soja

Riches en nutriments, ce sont les pousses juteuses qui sortent des haricots mungo. Ils sont délicieux crus ou rapidement poêlés.

Soupe froide
de petits pois

Pour 3 à 4 personnes

Ingrédients
- 425 ml de bouillon
  de légumes ou d'eau
- 450 g de petits pois surgelés
- 55 g d'oignons verts,
  finement hachés
- 300 ml de yaourt nature
  ou de crème fraîche liquide
- sel et poivre

Accompagnement
- 1 cuil. à soupe d'huile d'olive
  vierge extra
- 2 cuil. à soupe de menthe fraîche
  hachée
- 2 cuil. à soupe de ciboulette
  fraîche hachée
- zeste râpé d'un demi-citron

1 Dans une grande casserole, porter le bouillon à frémissement. Réduire le feu, ajouter les petits pois et les oignons verts, et laisser mijoter 5 minutes.

2 Laisser tiédir, passer deux fois au tamis en veillant à bien retirer toutes les peaux. Mettre les petits pois dans un grand bol, saler et poivrer à volonté, puis incorporer le yaourt. Couvrir de film alimentaire et mettre plusieurs heures au réfrigérateur.

3 Pour servir, retirer la soupe du réfrigérateur, bien mélanger et verser dans des bols. Arroser d'huile d'olive et parsemer de menthe, de ciboulette et de zeste de citron. Servir immédiatement.

Haricots au citron

Pour 4 personnes

Ingrédients

- 900 g d'un mélange de haricots, fèves, haricots verts et haricots kilomètres, par exemple
- 70 g de beurre ou de margarine
- 4 cuil. à café de farine
- 300 ml de bouillon de légumes
- 5 cuil. à soupe de vin blanc sec
- 6 cuil. à soupe de crème fraîche liquide
- 3 cuil. à soupe de fines herbes fraîches hachées
- zeste râpé d'un citron
- 2 cuil. à soupe de jus de citron
- sel et poivre
- lanières de zeste de citron, en garniture

1 Cuire les haricots 10 minutes à l'eau bouillante salée, jusqu'à ce qu'ils soient tendres. Égoutter et mettre dans un plat de service chaud.

2 Pendant ce temps, faire fondre le beurre dans une casserole. Ajouter la farine et cuire 1 minute sans cesser de remuer. Retirer la casserole du feu et incorporer progressivement le bouillon et le vin. Remettre la casserole sur le feu et porter à ébullition sans cesser de remuer.

3 Retirer à nouveau la casserole du feu et incorporer la crème fraîche, les fines herbes, le zeste de citron et le jus de citron. Saler et poivrer à volonté. Verser la sauce obtenue sur les haricots, bien mélanger et servir immédiatement, garni de lanières de zeste de citron.

Spaghettis aux fèves
et pesto de petits pois

Pour 4 personnes

Ingrédients
- 250 g de fèves fraîches mondées
- 500 g de spaghettis secs
- sel et poivre

Pesto de petits pois
- 300 g de petits pois frais écossés
- 75 ml d'huile d'olive vierge extra
- 2 gousses d'ail, pilées
- 100 g de parmesan râpé,
  plus quelques copeaux pour
  la garniture
- 100 g d'amandes mondées,
  hachées
- 1 pincée de sucre
- sel et poivre

1 Pour le pesto, cuire les petits pois 2 à 3 minutes à l'eau bouillante, jusqu'à ce qu'ils soient tendres. Égoutter et transférer dans un robot de cuisine. Ajouter l'huile, l'ail et le parmesan, et réduire en pâte épaisse. Ajouter les amandes et mixer de nouveau. Ajouter le sucre, saler et poivrer. Réserver.

2 Blanchir les fèves 2 à 3 minutes à l'eau bouillante salée, jusqu'à ce qu'elles soient tendres. Égoutter et laisser refroidir. Monder les fèves.

3 Porter une grande casserole d'eau légèrement salée à ébullition, ajouter les spaghettis et porter de nouveau à ébullition. Cuire 8 à 10 minutes, jusqu'à ce que les spaghettis soient *al dente*.

4 Égoutter les spaghettis, les remettre dans la casserole et ajouter les fèves et le pesto de petits pois. Bien mélanger et dresser sur des assiettes. Saupoudrer de poivre, garnir de copeaux de parmesan et servir immédiatement.

Soupe de pois cassés
aux pommes de terre

Pour 4 personnes

Ingrédients
- 2 cuil. à soupe d'huile d'olive
- 450 g de pommes de terre farineuses, dans leur peau, coupées en dés
- 2 oignons, coupés en dés
- 75 g de pois cassés verts
- 1 l de bouillon de légumes
- 60 g de gruyère, râpé
- sel et poivre

Croûtons
- 40 g de beurre
- 1 gousse d'ail, pilée
- 1 cuil. à soupe de persil frais haché
- 1 tranche épaisse de baguette, coupée en dés

1 Chauffer l'huile dans une grande casserole, ajouter les pommes de terre et les oignons, et cuire 5 minutes à feu moyen sans cesser de remuer.

2 Ajouter les pois cassés verts dans la casserole et bien mélanger.

3 Verser le bouillon dans la casserole, porter à ébullition et réduire le feu. Laisser mijoter 35 minutes, jusqu'à ce que les pommes de terre soient tendres et que les pois cassés soient cuits.

4 Pendant ce temps, préparer les croûtons. Faire fondre le beurre dans une poêle, ajouter l'ail, le persil et le pain, et cuire 2 minutes sans cesser de remuer, jusqu'à ce que le pain soit uniformément doré.

5 Incorporer le fromage à la soupe, saler et poivrer. Chauffer à feu doux jusqu'à ce que le fromage commence à fondre.

6 Verser la soupe dans des bols chauds et la parsemer de croûtons. Servir immédiatement.

Fèves à la feta

Pour 4 à 6 personnes

Ingrédients
- 500 g de fèves fraîches mondées
- 4 cuil. à soupe d'huile d'olive vierge extra
- 1 cuil. à soupe de jus de citron
- 1 cuil. à soupe d'aneth frais finement haché, un peu plus pour la garniture
- 55 g de feta, coupée en dés
- sel et poivre

1 Porter une grande casserole d'eau salée à ébullition, ajouter les fèves et les cuire 2 à 3 minutes, jusqu'à ce qu'elles soient tendres. Égoutter et laisser tiédir.

2 Monder les fèves, puis les mettre dans un saladier.

3 Mélanger l'huile et le jus de citron dans un petit bol. Saler et poivrer. Verser la sauce dans le saladier, ajouter l'aneth et mélanger délicatement. Rectifier l'assaisonnement.

4 Pour servir chaud, ajouter la feta, mélanger et parsemer d'aneth. Servir immédiatement. Pour servir froid, laisser refroidir les haricots dans la sauce et les mettre au réfrigérateur. Les retirer du réfrigérateur 10 minutes avant de servir pour les ramener à température ambiante. Rectifier l'assaisonnement, parsemer d'aneth et de feta, et servir.

Salade de haricots verts
à la feta

Pour 4 personnes

Ingrédients

- 350 g de haricots verts, éboutés
- 1 oignon rouge, haché
- 3 à 4 cuil. à soupe de coriandre fraîche hachée
- 2 radis, finement émincés
- 75 g de feta, émiettée
- 1 cuil. à café d'origan frais haché ou ½ cuil. à café d'origan séché
- 2 cuil. à soupe de vinaigre de vin rouge ou de fruits
- 5 cuil. à soupe d'huile d'olive vierge extra
- 3 tomates mûres, coupées en quartiers
- poivre

1 Verser environ 5 cm d'eau dans la base d'un cuiseur-vapeur ou d'une casserole et porter à ébullition. Mettre les haricots verts dans la partie supérieure d'un cuiseur-vapeur ou dans une passoire métallique posée sur la casserole. Couvrir et cuire à la vapeur 5 minutes, jusqu'à ce que les haricots soient juste tendres.

2 Transférer les haricots verts dans un bol, ajouter l'oignon, la coriandre, les radis et la feta.

3 Parsemer d'origan, puis poivrer à volonté. Émulsionner le vinaigre avec l'huile, verser dans la salade et mélanger délicatement.

4 Transférer la salade sur un plat de service, ajouter les quartiers de tomates et servir immédiatement, ou réserver au réfrigérateur jusqu'au moment de servir.

Galettes de maïs
au fromage

Pour 8 à 10 beignets

Ingrédients

• 1 œuf
• 200 ml de lait
• 100 g de farine
• ½ cuil. à café de levure
• 85 g de maïs, égoutté
• 4 cuil. à soupe de fromage râpé
• 1 cuil. à café de ciboulette fraîche ciselée
• 2 cuil. à café d'huile de tournesol

1 Mettre l'œuf et le lait dans un grand bol et battre à l'aide d'une fourchette.

2 Ajouter la farine et la levure, et battre jusqu'à obtention d'une consistance homogène. Incorporer le maïs, le fromage et la ciboulette.

3 Chauffer l'huile dans une poêle antiadhésive à feu moyen et y déposer des cuillerées à café ou à soupe de pâte.

4 Cuire 1 à 2 minutes de chaque côté, jusqu'à ce que les galettes soient dorées. Égoutter sur du papier absorbant et servir.

Soupe de pommes de terre au fromage

Pour 6 personnes

Ingrédients

- 25 g de beurre
- 2 échalotes, finement hachées
- 225 g de pommes de terre, coupées en dés
- 4 cuil. à soupe de farine
- 2 cuil. à soupe de vin blanc sec
- 300 ml de lait
- 325 g de maïs, égoutté
- 85 g de gruyère, d'emmental ou de cheddar, râpé
- 8 à 10 feuilles de sauge fraîche, hachées, plus quelques brins pour la garniture
- 425 ml de crème fraîche épaisse

Croûtons

- 2 ou 3 tranches de pain blanc de la veille
- 2 cuil. à soupe d'huile d'olive

1 Pour préparer les croûtons, retirer la croûte des tranches de pain, puis couper la mie en dés de 5 mm. Chauffer l'huile dans une poêle à fond épais, ajouter les dés de pain et les cuire sans cesser de remuer jusqu'à ce qu'ils soient uniformément dorés. Égoutter les croûtons sur du papier absorbant et réserver.

2 Faire fondre le beurre dans une casserole à fond épais, ajouter les échalotes et les cuire 5 minutes à feu doux, jusqu'à ce qu'elles soient tendres. Ajouter les pommes de terre et cuire 2 minutes sans cesser de remuer.

3 Saupoudrer de farine et cuire 1 minute sans cesser de remuer. Retirer la casserole du feu et mouiller avec le vin, puis verser progressivement le lait. Remettre la casserole sur le feu et porter à ébullition sans cesser de remuer. Réduire le feu et laisser mijoter.

4 Incorporer le maïs, le fromage, la sauge hachée et la crème fraîche, et chauffer jusqu'à ce que le fromage ait fondu.

5 Répartir la soupe dans des bols chauds, garnir de croûtons et de brins de sauge, et servir immédiatement.

Salade de pousses de soja

Pour 4 personnes

Ingrédients

- 350 g de pousses de soja
- 1 petit concombre
- 1 poivron vert, épépiné et coupé en allumettes
- 1 carotte, coupée en allumette
- 2 tomates, finement hachées
- 1 branche de céleri, coupée en allumettes
- 1 gousse d'ail, pilée
- 1 trait de sauce au piment
- 2 cuil. à soupe de sauce de soja claire
- 1 cuil. à café de vinaigre de vin
- 2 cuil. à café d'huile de sésame
- ciboulette fraîche, en garniture

1 Blanchir les pousses de soja 1 minute à l'eau bouillante. Les égoutter et les rincer à l'eau courante, puis égoutter de nouveau.

2 Couper le concombre en deux dans la longueur, l'épépiner à l'aide d'une petite cuillère et le couper en allumettes. Mélanger le concombre, les pousses de soja, le poivron vert, la carotte, les tomates et le céleri.

3 Mélanger l'ail, la sauce au piment, la sauce de soja, le vinaigre et l'huile de sésame. Verser la sauce obtenue sur les légumes et bien mélanger. Dresser sur des assiettes, garnir de ciboulette et servir.

Haricots toscans
et toasts de ciabatta

Pour 2 personnes

Ingrédients

- 4 tranches de ciabatta
- 1 cuil. à soupe d'huile d'olive
- 1 petit oignon, coupé en dés
- 1 gousse d'ail, pilée
- 250 g de haricots blancs, égouttés et rincés
- 90 ml d'eau
- 1 cuil. à soupe de concentré de tomates
- 1 cuil. à café de vinaigre balsamique
- 1 cuil. à soupe de persil frais haché
- 1 cuil. à soupe de basilic frais haché
- sel et poivre

1 Préchauffer le gril à température moyenne. Mettre les tranches de ciabatta sur une grille recouverte de papier d'aluminium et les passer au gril, jusqu'à ce qu'elles soient dorées des deux côtés.

2 Pendant ce temps, chauffer l'huile dans une casserole, ajouter l'oignon et le cuire à feu doux jusqu'à ce qu'il soit tendre. Ajouter l'ail et cuire encore 1 minute, puis incorporer les haricots blancs, l'eau et le concentré de tomates. Porter à ébullition en remuant de temps en temps et cuire encore 2 minutes.

3 Ajouter le vinaigre, le persil et le basilic, et mélanger. Saler et poivrer à volonté, et servir sur les tranches de ciabatta grillées.

Toasts d'houmous
aux olives

Pour 4 personnes

Ingrédients
- 400 g de pois chiches en boîte
- jus d'un gros citron
- 6 cuil. à soupe de tahini
- 6 cuil. à café d'huile d'olive
- 2 gousses d'ail, pilées
- sel et poivre
- coriandre fraîche hachée
  et olives noires dénoyautées,
  en garniture

Toasts
- 1 ciabatta, coupée en tranches
- 2 gousses d'ail, pilées
- 1 cuil. à soupe de coriandre
  fraîche hachée
- 4 cuil. à soupe d'huile d'olive

1 Pour préparer l'houmous, égoutter les pois chiches en réservant un peu du jus de la boîte. Mettre les pois chiches dans un robot de cuisine et mixer en ajoutant le jus réservé et le jus de citron progressivement. Bien mixer après chaque ajout.

2 Incorporer le tahini et 5 cuillerées à café d'huile. Ajouter l'ail, puis saler et poivrer à volonté. Mixer à nouveau.

3 Transférer l'houmous dans un plat de service. Arroser avec l'huile d'olive restante et garnir de coriandre et d'olives noires. Réserver au réfrigérateur.

4 Préchauffer le gril. Mettre les tranches de ciabatta sur une grille en une seule couche. Mélanger l'ail, la coriandre et l'huile, puis arroser le pain du mélange obtenu. Cuire les tranches 2 à 3 minutes au gril préchauffé en les retournant une fois, jusqu'à ce qu'elles soient dorées. Servir chaud, accompagné d'houmous.

Falafels

Pour 4 personnes

Ingrédients

- 800 g de pois chiches en boîte, égouttés et rincés
- 1 petit oignon, haché
- jus et zeste d'un citron vert
- 2 cuil. à café de coriandre en poudre
- 2 cuil. à café de cumin en poudre
- 6 cuil. à soupe de farine
- 4 cuil. à soupe d'huile d'olive
- cresson, en garniture
- salsa de tomates, en accompagnement

1 Mettre les pois chiches, l'oignon, le jus et le zeste de citron vert dans un robot de cuisine et réduire en pâte épaisse.

2 Transférer la préparation sur un plan de travail ou une planche à découper et façonner 4 galettes.

3 Étaler la farine sur une assiette et y passer les galettes.

4 Chauffer l'huile dans une poêle, ajouter les galettes et les cuire 2 minutes de chaque côté, jusqu'à ce qu'elles soient croustillantes. Garnir de cresson et servir accompagné de salsa de tomates.

Crumble de légumes
aux haricots

Pour 4 personnes

Ingrédients
- 1 gros oignon, haché
- 125 g de haricots rouges en boîte (poids égoutté)
- 125 g de haricots blancs en boîte (poids égoutté)
- 125 g de pois chiches en boîte (poids égouttés)
- 2 courgettes, grossièrement hachées
- 2 grosses carottes, grossièrement hachées
- 4 tomates, mondées et concassées
- 2 branches de céleri, hachées
- 300 ml de bouillon de légumes
- 2 cuil. à soupe de concentré de tomates
- sel et poivre

Crumble
- 85 g de chapelure blonde
- 25 g de noisettes, très finement hachées
- 1 cuil. à soupe de persil frais haché
- 115 g de fromage râpé

1 Préchauffer le four à 180 °C (th. 6).

2 Mettre l'oignon, les haricots rouges, les haricots blancs, les courgettes, les pois chiches, les carottes, les tomates et le céleri dans un grand plat à gratin. Mélanger le concentré de tomates et le bouillon, et verser le tout sur les légumes. Saler et poivrer à volonté. Cuire 15 minutes au four préchauffé.

3 Pendant ce temps, pour préparer la garniture, mettre la chapelure dans un bol, ajouter les noisettes, le persil et le fromage, et bien mélanger.

4 Parsemer les légumes de crumble, sans le presser car il se détremperait.

5 Remettre le crumble au four et le cuire 30 minutes, jusqu'à ce qu'il soit doré. Le retirer du four et le servir chaud.

Chili de légumes

Pour 4 personnes

Ingrédients

- 1 aubergine, éventuellement pelée, coupée en tranches de 2,5 cm d'épaisseur
- 1 cuil. à soupe d'huile d'olive, un peu plus pour graisser
- 1 oignon rouge ou jaune, finement haché
- 2 poivrons rouges ou jaunes, épépinés et finement hachés
- 3 ou 4 gousses d'ail, finement hachées
- 800 g de tomates concassées en boîte
- 1 cuil. à soupe de poudre de piment douce, ou à volonté
- ½ cuil. à café de cumin en poudre
- ½ cuil. à café d'origan séché
- 2 petites courgettes, coupées en quatre dans la longueur, puis émincées
- 400 g de haricots rouges en boîte, égouttés et rincés
- 450 ml d'eau
- 1 cuil. à soupe de concentré de tomates
- sel et poivre
- oignons verts hachés et fromage râpé, en garniture

1 Badigeonner d'huile un côté des tranches d'aubergine. Chauffer la moitié de l'huile dans une grande poêle antiadhésive à feu moyen à vif. Ajouter les tranches d'aubergine, côté huilé vers le haut, et les cuire 5 à 6 minutes, jusqu'à ce qu'elles soient dorées. Retourner les tranches et cuire l'autre face. Les transférer sur une assiette et les couper en dés.

2 Chauffer l'huile restante dans une grande casserole à feu moyen, ajouter l'oignon et les poivrons, et les cuire 3 à 4 minutes en remuant de temps en temps, jusqu'à ce que l'oignon soit tendre sans avoir doré. Ajouter l'ail et cuire encore 2 à 3 minutes, jusqu'à ce que l'oignon commence à se colorer.

3 Ajouter les tomates, la poudre de piment, le cumin et l'origan. Saler et poivrer, porter à ébullition et réduire le feu. Couvrir et laisser mijoter 15 minutes à feu doux.

4 Ajouter les courgettes, l'aubergine, les haricots, l'eau et le concentré de tomates. Porter de nouveau à ébullition, couvrir et poursuivre la cuisson 45 minutes, jusqu'à ce que les légumes soient tendres. Rectifier l'assaisonnement. Pour un plat plus relevé, ajouter de la poudre de piment.

5 Répartir le chili dans des bols et garnir d'oignons verts et de fromage.

Risotto de haricots rouges

Pour 4 personnes

Ingrédients

- 4 cuil. à soupe d'huile d'olive
- 1 oignon, haché
- 2 gousses d'ail, finement hachées
- 175 g de riz brun
- 600 ml de bouillon de légumes
- 1 poivron rouge, épépiné et haché
- 2 branches de céleri, émincées
- 225 g de champignons de Paris
- 425 g de haricots rouges en boîte, égouttés et rincés
- 3 cuil. à soupe de persil frais haché, un peu plus pour la garniture
- 55 g de noix de cajou
- sel et poivre

1 Chauffer la moitié de l'huile d'olive dans une casserole à fond épais. Ajouter l'oignon et le cuire 5 minutes en remuant de temps en temps, jusqu'à ce qu'il soit tendre. Ajouter la moitié de l'ail et le cuire 2 minutes en remuant souvent, puis ajouter le riz et faire revenir 1 minute, jusqu'à ce que les grains soient bien enrobés d'huile.

2 Ajouter le bouillon et porter à ébullition sans cesser de remuer. Réduire le feu, couvrir et laisser mijoter 35 à 40 minutes, jusqu'à ce que tout le bouillon soit absorbé.

3 Pendant ce temps, chauffer l'huile restante dans une poêle, ajouter le poivron et le céleri, et les cuire 5 minutes en remuant souvent. Ajouter les champignons et l'ail restant, et cuire 4 à 5 minutes en remuant souvent.

4 Incorporer le riz dans la poêle et ajouter les haricots rouges, le persil et les noix. Saler et poivrer. Cuire sans cesser de remuer jusqu'à ce que la préparation soit bien chaude. Dresser dans un plat de service chaud, garnir de persil et servir.

Salade chaude
de lentilles au chèvre

Pour 4 personnes

Ingrédients

- 2 cuil. à soupe d'huile d'olive
- 2 cuil. à café de graines de cumin
- 2 gousses d'ail, pilées
- 2 cuil. à café de gingembre frais râpé
- 300 g de lentilles corail
- 700 ml de bouillon de légumes
- 2 cuil. à soupe de menthe fraîche hachée
- 2 cuil. à soupe de coriandre fraîche hachée
- 2 oignons rouges, finement émincés
- 200 g de pousses d'épinards
- 1 cuil. à café d'huile de noisette
- 150 g de fromage de chèvre frais
- 4 cuil. à soupe de yaourt à la grecque
- poivre
- quartiers de citron, en garniture
- pain de seigle grillé, en accompagnement

1 Chauffer la moitié de l'huile dans une grande casserole à feu moyen, ajouter les graines de cumin, l'ail et le gingembre, et cuire 2 minutes sans cesser de remuer.

2 Incorporer les lentilles, puis ajouter le bouillon, une louche à la fois sans cesser de remuer, jusqu'à ce qu'il soit totalement absorbé – l'opération prend environ 20 minutes. Retirer la casserole du feu et incorporer les fines herbes.

3 Pendant ce temps, chauffer l'huile restante dans une poêle à feu moyen, ajouter les oignons et les cuire 10 minutes en remuant souvent, jusqu'à ce qu'ils soient légèrement dorés.

4 Mettre les épinards dans un bol, arroser d'huile de noisette et bien mélanger. Dresser les épinards sur des assiettes.

5 Battre le fromage de chèvre avec le yaourt, et poivrer à volonté.

6 Répartir les lentilles sur les assiettes et garnir avec les oignons et le fromage de chèvre. Garnir de quartiers de citron et servir accompagné de pain de seigle grillé.

Curry de patates douces
aux lentilles

Pour 4 personnes

Ingrédients

- 1 cuil. à café d'huile végétale
- 100 g de patates douces, coupées en cubes
- 75 g de pommes de terre, coupées en cubes
- 1 petit oignon, finement haché
- 1 petite gousse d'ail, finement hachée
- 1 petit piment vert frais, épépiné et haché
- ½ cuil. à café de gingembre en poudre
- 50 g de lentilles vertes
- 75 à 100 ml de bouillon de légumes chaud
- ½ cuil. à café de garam masala
- 1 cuil. à soupe de yaourt nature
- poivre

1 Chauffer l'huile dans une casserole, ajouter les patates douces et les faire revenir 5 minutes à feu moyen en remuant de temps en temps.

2 Pendant ce temps, cuire les pommes de terre 6 minutes à l'eau bouillante, jusqu'à ce qu'elles soient presque cuites. Égoutter et réserver.

3 Retirer les patates douces de la poêle à l'aide d'une écumoire. Mettre l'oignon dans la poêle et le cuire 5 minutes en remuant de temps en temps, jusqu'à ce qu'il soit translucide. Ajouter le piment, le gingembre et l'ail, et faire revenir encore 1 minute.

4 Remettre les patates douces dans la poêle, ajouter les pommes de terre, les lentilles, la moitié du bouillon, le garam masala et du poivre. Bien mélanger, porter à frémissement et couvrir.

5 Réduire le feu et laisser mijoter 20 minutes, en ajoutant un peu d'eau si le curry semble trop sec. Incorporer le yaourt et servir.

Tableaux de conversion

Températures

CELSIUS (°C)	THERMOSTAT	FAHRENHEIT (°F)
30	1	100
60	2	150
90	3	200
120	4	250
150	5	300
180	6	350
210	7	400
240	8	450
270	9	500
300	10	550

Poids
mesures

MÉTRIQUES	IMPÉRIALES
5 g	⅛ oz
10 g	¼ oz
15 g	½ oz
25/30 g	1 oz
35 g	1¼ oz
40 g	1½ oz
50 g	1¾ oz
55 g	2 oz
60 g	2¼ oz
70 g	2½ oz
85 g	3 oz
90 g	3¼ oz
100 g	3½ oz
115 g	4 oz
125 g	4½ oz
140 g	5 oz
150 g	5½ oz
175 g	6 oz
200 g	7 oz
225 g	8 oz
250 g	9 oz
275 g	9¾ oz
280 g	10 oz
300 g	10½ oz
325 g	11½ oz
350 g	12 oz
375 g	13 oz
400 g	14 oz
425 g	15 oz
450 g	1 lb
500 g	1 lb 2 oz

Volumes
mesures

MÉTRIQUES	IMPÉRIALES
1,25 ml	¼ de cuil. à café
2,5 ml	½ cuil. à café
5 ml	1 cuil. à café
10 ml	2 cuil. à café
15 ml	1 cuil. à soupe/3 cuil. à café
30 ml	2 cuil. à soupe
45 ml	3 cuil. à soupe
60 ml	4 cuil. à soupe
75 ml	5 cuil. à soupe
90 ml	6 cuil. à soupe
15 ml	½ fl oz
30 ml	1 fl oz
50 ml	2 fl oz
75 ml	2½ fl oz
100 ml	3½ fl oz
125 ml	4 fl oz
150 ml	5 fl oz
175 ml	6 fl oz
200 ml	7 fl oz
225 ml	8 fl oz
250 ml	9 fl oz
300 ml	10 fl oz
350 ml	12 fl oz
400 ml	14 fl oz
425 ml	15 fl oz
450 ml	16 fl oz
500 ml	18 fl oz
600 ml	1 pint